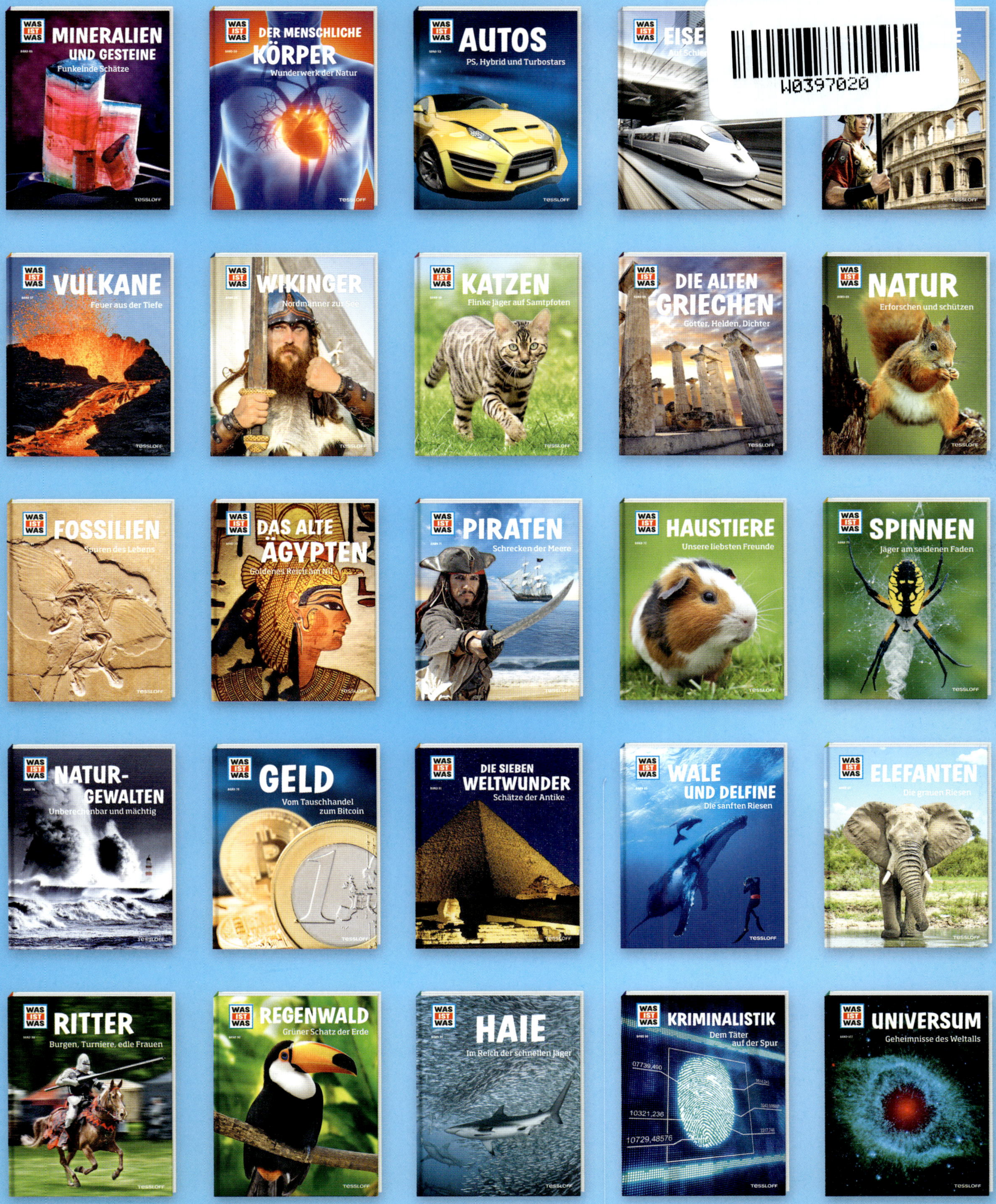
WAS IST WAS
MINERALIEN UND GESTEINE
Funkelnde Schätze
DER MENSCHLICHE KÖRPER
Wunderwerk der Natur
AUTOS
PS, Hybrid und Turbostars
VULKANE
Feuer aus der Tiefe
WIKINGER
KATZEN
Flinke Jäger auf Samtpfoten
DIE ALTEN GRIECHEN
Götter, Helden, Dichter
NATUR
Erforschen und schützen
FOSSILIEN
Spuren des Lebens
DAS ALTE ÄGYPTEN
PIRATEN
Schrecken der Meere
HAUSTIERE
Unsere liebsten Freunde
SPINNEN
Jäger am seidenen Faden
NATUR-GEWALTEN
GELD
Vom Tauschhandel zum Bitcoin
DIE SIEBEN WELTWUNDER
Schätze der Antike
WALE UND DELFINE
Die sanften Riesen
ELEFANTEN
RITTER
Burgen, Turniere, edle Frauen
REGENWALD
Grüner Schatz der Erde
HAIE
KRIMINALISTIK
Dem Täter auf der Spur
UNIVERSUM
Geheimnisse des Weltalls
TESSLOFF

WAS IST WAS

Jonas Kozinowski

FUSSBALL

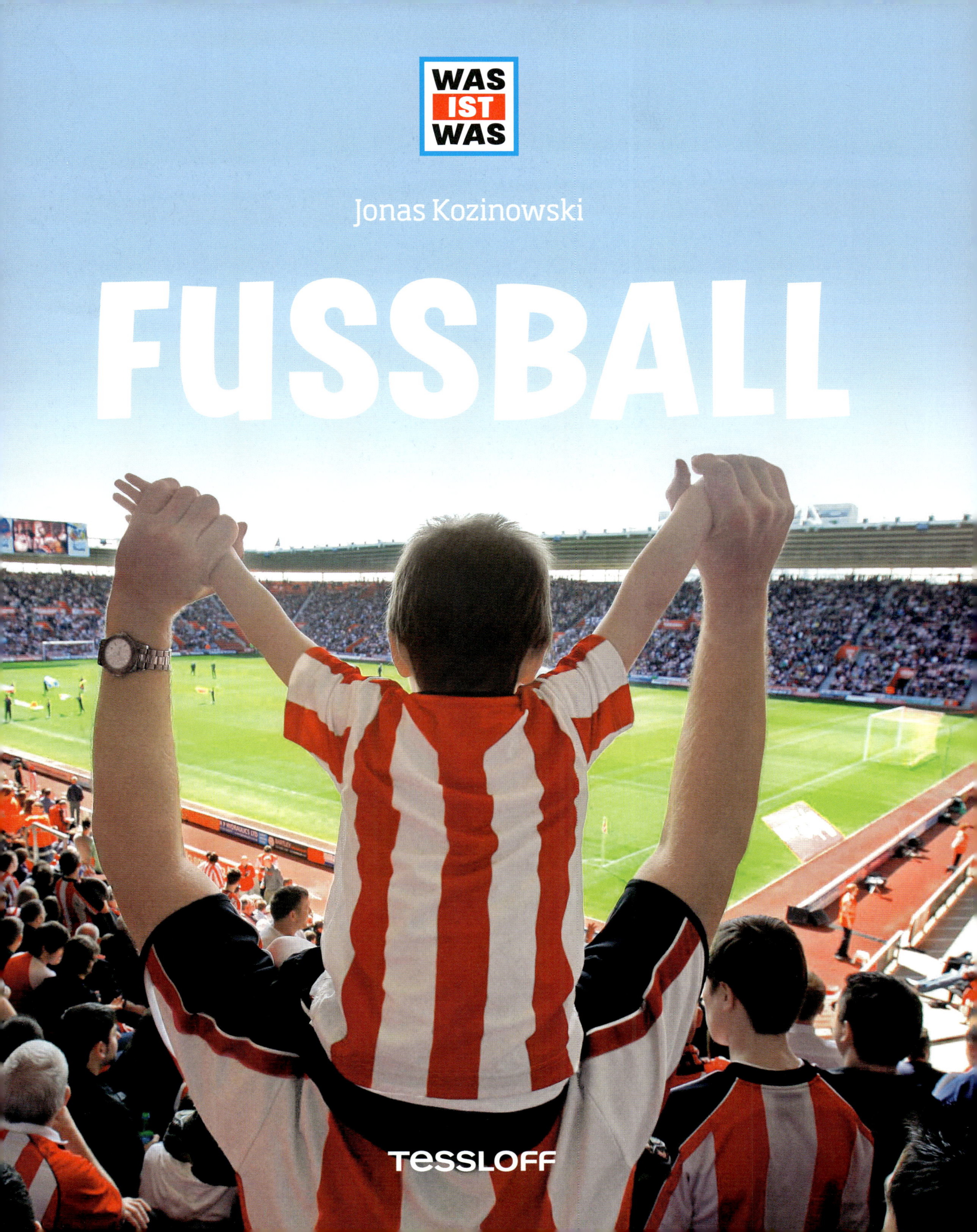

TESSLOFF

Hier siehst du, wo du bist!

Wo ist was?

Seite **10**

So sahen die ersten Fußballer Englands aus. Die Schienbeinschoner trug man damals noch über den Strümpfen.

Seite **13**

1974: Deutschland wird das zweite Mal Weltmeister!

Seite **20**

Gehören wie die Spieler zu den Vereinen: die Fans.

Seite **24**

Auch Blinde spielen Fußball und es gibt sogar eine Bundesliga!

Seite **26**

Rekordtorjäger mit vier Treffern: Wolf-Ingo Usbeck.

Seite 30

Die glücklichen Gewinner der WM 2014: das Team des DFB.

Seite 29

Mehrfacher Klubweltmeister: die »Galaktischen« von Real Madrid.

Seite 34

Erfahre alles über Fußball bei den Olympischen Spielen!

Seite 40

Gewinner der EM 2020/2021: Italien

Seite 37

Europas Fußballerin des Jahres 2021: die spanische Nationalspielerin Alexia Putellas.

Seite
44

Die Fußballlegende Pelé ist Teil der Jahrhundertelf.

44 Die Ballkünstler

Einer der ganz Großen: der Argentinier Lionel Messi.

Seite
46

Seite
48

Toni Kroos zählt seit Jahren zu den besten deutschen Fußballern.

52 Rund um den Fußball

Seite
63

Eines der berühmtesten Fußballstadien der Welt: das Wembley-Stadion in London.

Seite
65

Ganz schön clever: Auch Roboter können Fußball spielen!

Ohne ihn läuft gar nichts! Hier erfährst du alles rund um den Fußball!

Seite 70

66 Der Ball ist im Spiel

Seite 75

Schulterschluss beim Zweikampf: Was ist erlaubt und was nicht?

Seite 82

Alles rund um die Ballannahme: die besten Tricks und Tipps!

86 Fußballberichterstattung

WM 2022 Katar

Seite 92

Das Maskottchen der WM 2022 heißt La'eeb.

94 Glossar

Hier findest du die wichtigsten Begriffe kurz erklärt.

Ein Spiel für die Ewigkeit: 7:1

Bastian Schweinsteiger führte die deutsche Nationalmannschaft zum höchsten Sieg in einem WM-Halbfinale, den es je gab.

Als Silvio mich am Flughafen verabschiedet, sagt er zu mir: »Im Halbfinale schlagen wir euch 3:0!« Zwei Wochen lang habe ich im Sommer 2014 mit Freunden bei Silvios Familie in einem kleinen Ort an der Küste Brasiliens gelebt. Von dort aus sind wir alle paar Tage losgefahren, um uns im Fußballstadion von Recife einige Spiele der Weltmeisterschaft live anzuschauen. Zum Ende der Hinrunde steht Silvio jetzt mit uns am Gepäckband und sagt mit einem Schmunzeln im Gesicht: »Ich mag eure Mannschaft sehr, aber gegen Brasilien ist für euch Schluss!« Zu diesem Zeitpunkt kann er noch nicht wissen, dass Thomas Müller in der elften Minute des Halbfinales das erste deutsche Tor erzielen wird. Zu diesem Zeitpunkt kann er noch nicht wissen, dass die deutsche Nationalmannschaft die nächsten vier Tore innerhalb von sieben Minuten schießen wird. Und zu diesem Zeitpunkt kann Silvio auch noch nicht wissen, dass dieses Spiel 7:1 für Deutschland ausgehen wird. Niemand von uns konnte das wissen, so etwas hat es vorher noch nie gegeben. Es ist ein Spiel für die Ewigkeit.

Alles klar nach einer halben Stunde

Zu Beginn des Halbfinales spielt die brasilianische Mannschaft druckvoll nach vorn. Sie will unbedingt ins Finale. Doch schon nach zehn Minuten schießt Thomas Müller nach einem

Drei WM-Spiele verfolgte ich live in Brasilien. Beim legendären Halbfinale war ich leider schon wieder zu Hause in Deutschland.

Das bin ich!

→ Rekord

Der 16. Treffer!

Mit dem 2:0 gegen Brasilien schoss sich Miroslav Klose an die Spitze der WM-Torschützen. Kein anderer Spieler schaffte mehr Tore.

Sein 16. WM-Tor ist auch sein letztes im Trikot der Nationalmannschaft: Nach dem Titelgewinn 2014 beendet Miroslav Klose seine Länderspielkarriere.

Eckball das 1:0. Miroslav Klose, zweimal Toni Kroos und Sami Khedira sorgen in der Folge dafür, dass es bereits nach 30 Minuten 5:0 für Deutschland steht. Die Seleção lässt sich einfach überrumpeln. Und in der zweiten Halbzeit trifft Andre Schürrle sogar noch zweimal. Oscar kann in der letzten Minute des Spiels noch Manuel Neuer im deutschen Tor überwinden. Doch da ist das Spiel schon lange entschieden.

Ein trauriger Held

Trotz der deutlichen Niederlage hatte die Seleção mehr Ballbesitz als die deutsche und schoss häufiger aufs Tor. Für die Brasilianer wurde ein Spieler zum tragischen Helden, der überhaupt nicht auf dem Platz stand: Stürmer Neymar. Der erfolgreichste Torschütze der Gastgeber wurde im Viertelfinale hart gefoult, brach sich einen Lendenwirbel und musste die WM beenden. Viele brasilianische Fans sind sich sicher, dass ihre Mannschaft nicht gegen Deutschland verloren hätte, wenn Neymar auf dem Platz gestanden hätte.

Vor dem Spiel grüßt der brasilianische Kapitän David Luiz seinen verletzten Kollegen Neymar. Als die Mannschaft die Hymne singt, hält er sein Trikot in die Kamera.

Viel Zeit zum Feiern blieb nach dem Spiel nicht – es stand ja noch das Finale der WM auf dem Programm.

Über 57 000 Zuschauer sahen das Halbfinale im Stadion. Die meisten waren allerdings nicht besonders gut gelaunt – sie hatten der brasilianischen Mannschaft die Daumen gedrückt.

Der Fußball lernt rollen

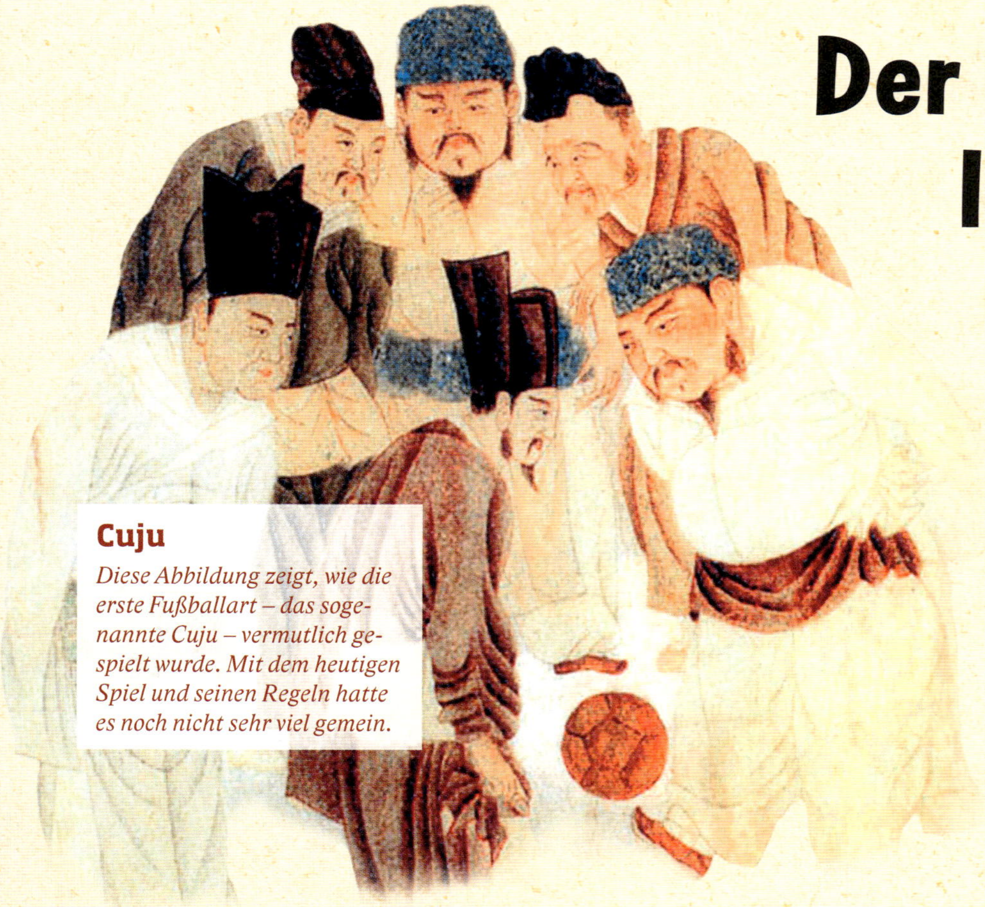

Cuju

Diese Abbildung zeigt, wie die erste Fußballart – das sogenannte Cuju – vermutlich gespielt wurde. Mit dem heutigen Spiel und seinen Regeln hatte es noch nicht sehr viel gemein.

Mit dem Anfang des Fußballs ist das so eine Sache – es gibt ihn nicht. Niemand kann nämlich genau den Ort oder den Zeitpunkt nennen, an dem das Spiel »Fußball« erfunden wurde. Sicher ist nur: Seit 2 000 bis 3 000 Jahren treten Menschen überall auf der Welt gegen runde Gegenstände und Bälle. Wie ein heutiges Fußballspiel in der Bundesliga oder bei einer Weltmeisterschaft sah das natürlich noch nicht aus. Regeln mussten sich erst entwickeln, Bälle und Ausrüstung erfunden werden. Auch das Prinzip, dass zwei voneinander zu unterscheidende Mannschaften gegeneinander antreten, gab es nicht von Anfang an.

Kemari

Bei den heutigen Kemari-Spielen geht es vor allem darum, die Tradition zu bewahren und zu feiern – und nicht unbedingt um den sportlichen Wettkampf.

heute

früher

Jonglage und Kampfkunst

Das allererste Mal wurde wohl in China gegen einen Ball getreten. Weil sich das aber schon vor fast 2 500 Jahren ereignet hat, gibt es keine gesicherten Aufzeichnungen darüber. Alle Informationen stammen von Gemälden, verzierten Vasen und weitergegebenen Erzählungen. Sicher ist, das Spiel wurde Cuju genannt. Das bedeutet so viel wie »einen Ball mit dem Fuß treten«. Es wurde zwar nicht auf einem großen Fußballfeld gespielt, aber auch beim Cuju ging es schon darum, Tore zu erzielen.
Die Spieler jonglierten den Ball mit dem Fuß und mussten ihn dann durch ein Loch in einem Netz schießen, das zwischen Bambusstangen aufgehängt war.
Nicht um Tore, sondern um Ball- und Körperbeherrschung geht es beim japanischen Kemari. Vor ungefähr 1 500 Jahren wurde es von den Adeligen an japanischen Höfen gespielt. Auch heute versuchen noch einige Spieler, die Tradition des Sports zu erhalten.
Beim Kemari stehen sich vier bis acht Spieler

Beim Ballspiel der Olmeken musste das Spielgerät per Fuß oder mit der Hand durch einen Steinring befördert werden.

auf einem kleinen Feld gegenüber und versuchen, den Ball so lange es geht mit den Füßen zu jonglieren und sich gegenseitig zuzuschießen. Dabei werden die Ballkontakte gezählt. Die Grundlagen für die richtige Körperhaltung schaute man sich von den Samurai und anderen japanischen Kampfkünstlern ab, die diese perfekt beherrschten.

Erste Bälle in Mittelamerika

Auch in Mittelamerika wurde schon früh dem Ball nachgejagt, möglicherweise sogar schon früher als in China, nämlich vor 3 000 Jahren. Allerdings wurde der Ball von den mexikanischen Völkern der Olmeken sowohl mit dem Fuß als auch mit der Hand gespielt. Dabei musste das Spielgerät aus Kautschuk durch ein rundes Loch in einem Stein befördert werden. Der Stein hing in ungefähr drei Metern Höhe über dem Spielfeld. Auch die Azteken, Mayas und Zapoteken sollen später auf diese Art Fußball gespielt haben. Dabei ist es angeblich auch vorgekommen, dass Verlierer am Ende des Spiels geopfert wurden.

In Europa wird gekickt

Auch in Europa entwickelte sich die Ballsportart. Im Jahr 1314 verbot allerdings Edward II., König von England, das Fußballspielen. Es war nämlich in den 250 Jahren, in denen bis dahin in Großbritannien Fußball gespielt wurde, immer wieder zu schweren Verletzungen und Todesfällen gekommen. Bei dieser Art Fußball spielten ganze Dörfer gegeneinander, als Spielfeld diente die Landschaft zwischen den Siedlungen, als Tore die Stadttore. Regeln gab es kaum. Der Ball konnte mit Händen und Füßen gespielt werden, die gegnerischen Spieler geschlagen und getreten werden. Das war König Edward zu gewalttätig. Erst 1618 wurde das Fußballverbot von König James I. wieder aufgehoben. 200 Jahre später stellte man dann die ersten verbindlichen Regeln auf.

➜ Schon gewusst?

2004 erkannte der Weltfußballverband FIFA das chinesische Cuju als älteste bekannte Variante des Fußballspiels an.

Der mittelalterliche Fußball war ziemlich gefährlich. Vor allem weil es noch keine verbindlichen Regeln gab.

Schon die ersten Fußballer Englands trugen Schienbeinschoner.

Europas Fußballregeln

Die ersten Regeln des modernen Fußballs wurden vor über 120 Jahren in England aufgestellt. Noch heute wird auf der ganzen Welt nach den meisten dieser Regeln gespielt. England ist somit die Geburtsstätte des modernen Fußballs. Dieser Vorsprung ließ sich jedoch nicht in Erfolg umsetzen. Die großen Fußballturniere der letzten Jahre gewannen die Nationalmannschaften aus Spanien, Frankreich, Portugal und Deutschland. Gerade Spanien und Deutschland gelten als die erfolgreichsten Fußballnationen Europas. In der Bestenliste taucht England nicht auf. Die englischen Vereinsmannschaften sind zwar sehr erfolgreich, doch die englische Nationalmannschaft wurde bisher nur einmal Weltmeister: im Jahr 1966. Kein Vergleich zu Spanien und Deutschland. Und das, obwohl es keine Belege dafür gibt, dass es in Spanien oder Deutschland schon eine frühe Form des Fußballs gegeben haben könnte.

Die Wiege des modernen Fußballs

Neben Großbritannien kann auch eine zweite Nation behaupten, schon über viele Jahrhunderte eine Art Fußball zu spielen: Italien. Dort wurde seit dem 15. Jahrhundert das sogenannte Calcio gespielt. Zwar durfte der Ball dabei noch sowohl mit dem Fuß als auch mit der Hand gespielt werden. Dafür gab es aber die ersten verbindlichen Regeln: Das Spielfeld war klar abgesteckt, es gab zwei Mannschaften in Kleidung, die Trikots ähnelte, und der Ball musste ins gegnerische Tor befördert werden. Diese Art des Spiels dürfte aber wohl eher der Vorgänger des Rugby gewesen sein. Das Fußballspiel, wie wir es heute kennen,

Calcio

Auch heute werden in Italien noch ab und an traditionelle Calcio-Spiele ausgetragen.

Fußball – auch der frühe – hat schon immer Massen an Zuschauern angezogen.

Rugby und Fußball haben denselben Ursprung. Spätestens seit 1863 gingen ihre Anhänger aber getrennte Wege.

Schwere Kugel: Die ersten Fußbälle waren deutlich schwerer als die Bälle heutzutage.

Stiefel

Wie Lionel Messi wohl mit den Fußballstiefeln von vor über 100 Jahren zurechtkäme?

wurde an englischen Schulen entwickelt. Vor allem wurden hier auch die ersten Regeln festgeschrieben.

Rugby oder Football?

1848 hielten Studenten und Lehrer der Cambridge-Universität die ersten Regeln für den Fußball fest, wie er an der Universität gespielt werden sollte. Allerdings durfte der Ball immer noch mit der Hand gespielt werden; außerdem war das Treten des Gegners weiterhin erlaubt. 15 Jahre später trafen sich die Vertreter von zwölf Sportvereinen in einer Kneipe in London mit dem Ziel, dass Fußball auch außerhalb von Cambridge einheitlich gespielt werden sollte. Sie verständigten sich auf 14 Regeln. Unter anderem waren jetzt das Handspiel und das Treten des Gegners verboten.
Nur einer der anwesenden Vereine wollte sich mit diesen Einschränkungen nicht zufriedengeben: Die Vertreter von Blackheath stellten eigene Regeln auf und gründeten die erste Rugby Union. Noch heute basieren sowohl der Fußball als auch Rugby auf diesen in London festgelegten ersten Regeln.

Angeberwissen

- Auf den ersten Fußballregeln von 1863 basieren auch die heutigen Regeln.
- Die Größe der Tore beispielsweise hat sich seit dieser Zeit nicht geändert.
- Auch mit Abseits, Foul- und Handspiel befassten sich die Urregeln schon.
- Außerdem wurde bereits die erste Regel für Foulspiel festgelegt: Dem Gegner durfte kein Bein gestellt werden.

Von England in die Welt

In England war der Fußball sehr schnell populär. Überall wurde er gespielt, überall kamen Zuschauer, um die Spieler anzufeuern. England hatte den Fußballvirus. Und dieser Virus verbreitete sich schnell über Europa und später auch in der ganzen Welt. Englische Geschäftsleute und Studenten spielten Fußball auf Auslandsreisen und steckten so die Menschen in anderen Ländern mit ihrer Leidenschaft an. Von den Niederlanden, Dänemark oder der Schweiz aus verbreitete sich das Spiel in alle Welt. Auch in Südamerika wurde der moderne Fußball bald bekannt.

Ein Schweizer trägt den Fußballvirus weiter: 1899 gründet Hans Gamper den heute berühmten FC Barcelona.

Meilensteine des deutschen Fußballs

seit 1874

Fußballpremiere
An verschiedenen deutschen Schulen wird erstmalig Fußball gespielt. Beispielsweise bringt der Braunschweiger Gymnasiallehrer Konrad Koch seinen Schülern einen Fußball aus England mit.

15.04.1888

Der erste Klub
Der Berliner Fußball-Club Germania wird gegründet. Schon davor gab es Vereine, bei denen auch Fußball gespielt wurde. »Germania« ist allerdings der erste reine Fußballklub.

28.01.1900

DFB-Gründung
Der Deutsche Fußball-Bund (DFB) wird gegründet – in einer Kneipe. 86 Vereine schließen sich im Leipziger »Mariengraben« zusammen.

31.05.1903

Erster deutscher Meister
Der VfB Leipzig wird erster deutscher Fußballmeister. Die Meisterschaft wurde nicht in einer Liga ausgespielt, sondern im Turniermodus. Das Finale gewinnt Leipzig in Hamburg mit 7:2 gegen den DFC Prag.

534 Eintritts-Karte zum
Fussballwettspiel
um die Meisterschaft von Deutschland
Pfingstsonntag, 31. Mai 1903
Nachm. 4 Uhr
Exerzierplatz Altona.
Vorverkauf 50 Pf.
Preis 1 Mk. Diese Karte ist sichtbar zu tragen.

05.04.1908

5:3 lautete das Ergebnis des ersten Länderspiels der deutschen Nationalmannschaft in Basel. 5:3 allerdings für den Gegner Schweiz.

23.01.1934

Die Nationalsozialisten und der Fußball
Die Nationalsozialisten gründen den Deutschen Reichsbund für Leibesübungen. Der DFB und seine Landesverbände werden im Laufe der Jahre in der Unterorganisation Reichsfachamt Fußball aufgelöst. In den kommenden Jahren wird vor allem die Nationalmannschaft immer wieder für politische Zwecke missbraucht. Im Zuge des Zweiten Weltkrieges schließt die FIFA den deutschen Fußball aus.

08.12.1935

Der erste Pokal
Der 1. FC Nürnberg gewinnt den ersten Tschammer-Pokal. Diese Turnierform wurde bis 1943 ausgetragen und gilt als Vorläufer des DFB-Pokals.

21.01.1950

Zweite DFB-Gründung
Nach dem Ende des Zweiten Weltkrieges und der Herrschaft der Nationalsozialisten gründet sich der DFB in Stuttgart neu.

03.07.1950

Fußball in der DDR
In Ostdeutschland wird der Fachausschuss Fußball gegründet. Er ist der Vorläufer des Fußballverbands der DDR. 1952 wird er in die FIFA aufgenommen.

22.09.1950

Erstes Länderspiel nach dem Krieg
Der Weltfußballverband FIFA nimmt den DFB wieder auf. Ab jetzt dürfen wieder Länderspiele stattfinden. Wie 1908 findet auch das erste Spiel des DFB gegen die Schweiz statt. Diesmal gewinnt Deutschland mit 1:0.

München, Olympiastadion:
Deutschland wird das zweite Mal Weltmeister. Im Finale gewinnt die DFB-Elf mit 2:1 gegen die Niederlande.

Rio de Janeiro, Stadion Maracanã:
Mit 1:0 nach Verlängerung gewinnt Deutschland gegen Argentinien und wird zum vierten Mal Weltmeister.

DFL-Gründung
Die Deutsche Fußball Liga (DFL) wird gegründet. Der DFB ist jetzt nur noch für die 3. Liga und die Amateurligen verantwortlich. Die DFL kümmert sich um die Bundesliga und die 2. Bundesliga.

Erster Frauentitel
Die deutsche Nationalmannschaft der Frauen wird das erste Mal Weltmeister. Im Finale in den USA bezwingt sie Schweden mit 2:1.

Erster DFB-Pokal-Sieger
Rot-Weiss Essen wird durch ein 2:1 über Alemannia Aachen der erste Sieger des neu ausgerichteten DFB-Pokals.

Neuer DDR-Verband
Der Deutsche Fußball-Verband ersetzt im Osten Deutschlands den Fachausschuss Fußball.

Erster Frauenmeister
Der TSV Siegen gewinnt 4:1 gegen den FSV Frankfurt und wird erster Meister der Fußball-Bundesliga der Frauen.

01.05.1953 · 04.07.1954 · 18.05.1958 · 07.07.1974 · 08.07.1990 · 16.06.1991 · 18.12.2000 · 12.10.2003 · 30.09.2007 · 13.07.2014

Das Wunder von Bern:
Bern, Wankdorfstadion: In der Schweiz wird die deutsche Nationalmannschaft das erste Mal Weltmeister. Das Finale endet 3:2 gegen Ungarn.

Rom, Olympiastadion:
Zum dritten Mal wird die deutsche Nationalmannschaft Weltmeister. Das Finale gewinnt sie mit 1:0 gegen Argentinien.

Zweiter Frauentitel
In Shanghai bezwingt die deutsche Frauennationalmannschaft Brasilien mit 2:0 und wird zum zweiten Mal Fußballweltmeister.

Der deutsche Fußballverband

Breitensport

Wenn es beim Sport hauptsächlich um den Spaß geht, nennt man das Breitensport. Anders als im Spitzensport (zum Beispiel in der Bundesliga), spielen die meisten, also die breite Masse zum Spaß.

Der deutsche Fußballpionier Walter Bensemann war an der Gründung des Deutschen Fußball-Bundes in Leipzig beteiligt.

Wochenende für Wochenende stehen in Deutschland Tausende Fußballer und Fußballerinnen auf dem Platz.

Zehntausende Vereine, Millionen von Fußballerinnen und Fußballern, die jedes Wochenende spielen wollen – da braucht es jemanden, der das Ganze organisiert. In Deutschland wird jedes offizielle Spiel vom Deutschen Fußball-Bund (DFB) ausgetragen. Die Verantwortlichen des DFB schreiben zum Beispiel Spielpläne, bilden Schiedsrichter aus oder organisieren Jugendturniere. 1900 wurde der Verband gegründet, seitdem ist er stark gewachsen. Mittlerweile sind fast 25 000 Vereine beim DFB angemeldet. Seinen Sitz, also die Büros der wichtigen Entscheider, Konferenzräume und Ähnliches, hat der DFB in Frankfurt am Main. Es gibt zwei große Arbeitsbereiche des Deutschen Fußball-Bunds: den Profisport und den Breitensport.

Mit dem Fußball Geld verdienen

Manche Spieler können mit dem Fußballspielen Geld verdienen. Ihr Job ist es also, professionell gegen den Ball zu kicken. Es handelt sich um die Stars der ersten Ligen in Deutschland, die von ihren Vereinen bezahlt werden. Dieser Profifußball muss organisiert werden. Beispielsweise müssen Regeln aufgestellt werden, welcher Spieler wann zu welchem Verein wechseln darf. Oder wie lange ein Spieler nach einer roten Karte gesperrt bleibt. Es muss aber auch festgelegt werden, wo das nächste Länder-

Die Aufgaben des DFB

- Organisation von Ligen und Pokal
- Verwaltung von Vereinen und Spielern
- Ausbildung von Trainern und Schiedsrichtern
- Organisation von Länderspielen
- Talentförderung

Profisport

Beim Profisport verdienen die Fußballerinnen und Fußballer ihr Geld mit dem Sport. Weil das im Vergleich zu allen Kickern nur sehr wenige sind, nennt man diesen Bereich Spitzensport.

spiel stattfinden soll. Der DFB verteilt zudem das Geld, das sich mit dem Fußball in den ersten Ligen verdienen lässt. Ein Teil davon geht auch als Förderung in den Breitensport.

Mit dem Fußball Spaß haben

Die allermeisten Fußballer und Fußballerinnen in Deutschland können mit dem Sport kein Geld verdienen. Sie stehen nur zum Spaß auf dem Feld. Weil diese Spiele kein Spitzensport sind und hier nicht nur Profis aufeinandertreffen, sondern viele Hobbykicker, wird dieser Teil des Fußballs Breitensport genannt. Auch – oder gerade – für die Spiele dieser breiten Masse ist der DFB zuständig. Damit nicht jeder Spielplan in der untersten Liga in Magdeburg oder dem Pokal in Flensburg aus der Zentrale in Frankfurt organisiert werden muss, ist der DFB in fünf Regionalverbände unterteilt, die jeweils noch einmal verschiedene Landesverbände unter sich haben.

Der Aufbau des DFB

Der Deutsche Fußball-Bund ist in verschiedene Verbände eingeteilt. Deren Vereine und Sportler sind alle der Zentralverwaltung unterstellt.

DFB-Zentralverwaltung

Ligaverband, 5 Regionalverbände

21 Landesverbände

25 000 Vereine

circa 7 000 000 Mitglieder

Rekord

über 7 Mio.

Mitglieder – kein anderer Verband oder Verein der Welt versammelt so viele Menschen.

Vom Auf- und Abstieg

Ein Satz beschreibt das direkte Ziel bei einem Fußballspiel: »Beim Fußball geht es darum, ein Tor mehr zu schießen als der Gegner!« Er ist simpel, aber er trifft die Wahrheit im Kern: Man spielt Fußball, um sich mit anderen zu messen und um das Spiel zu gewinnen. Alle Fußballmannschaften sind einer Liga zugeteilt, in der sie in der Regel zweimal gegen alle anderen Mannschaften spielen – einmal auf dem eigenen Platz und einmal beim Auswärtsspiel auf dem Platz des Gegners. Die Ergebnisse der Spiele werden zusammengefasst und in einer Tabelle festgehalten. Je nach Liga und Vereinbarungen steigen am Ende einer Saison die Teams, die auf den ersten Plätzen stehen, in die nächsthöhere Liga auf. Die letzten Mannschaften dagegen müssen eine Liga weiter unten antreten.

Tore und Punkte

Welche Mannschaft in der Tabelle wo platziert ist, hängt vom Punkte- und Torverhältnis des Teams ab. Für jeden Sieg bekommt eine Mannschaft drei Punkte, ein Unentschieden bringt für beide Teams jeweils einen Punkt, bei einer Niederlage gibt es keine Punkte. Außerdem werden die geschossenen Tore gezählt, genauso wie die Treffer, die eine Mannschaft ins eigene Tor bekommen hat. Die Platzierung in der Tabelle hängt zunächst vom Punktestand der Mannschaften ab. Haben mehrere Vereine dieselbe Punktanzahl, entscheidet das

Angeberwissen

- Bis 2009 wurde das Pokalfinale der Frauen im Vorfeld des Männerfinales ausgetragen. Deshalb fand auch das Frauenfinale immer in Berlin statt.
- Seit 2010 werden die Pokalsiegerinnen an einem gesonderten Tag und in Köln ermittelt.

Die Fußballligen

Von den untersten Fußballligen, den Kreisligen beziehungsweise -klassen, gibt es die meisten in Deutschland. Je höher die Liga, desto weniger gibt es von ihnen.

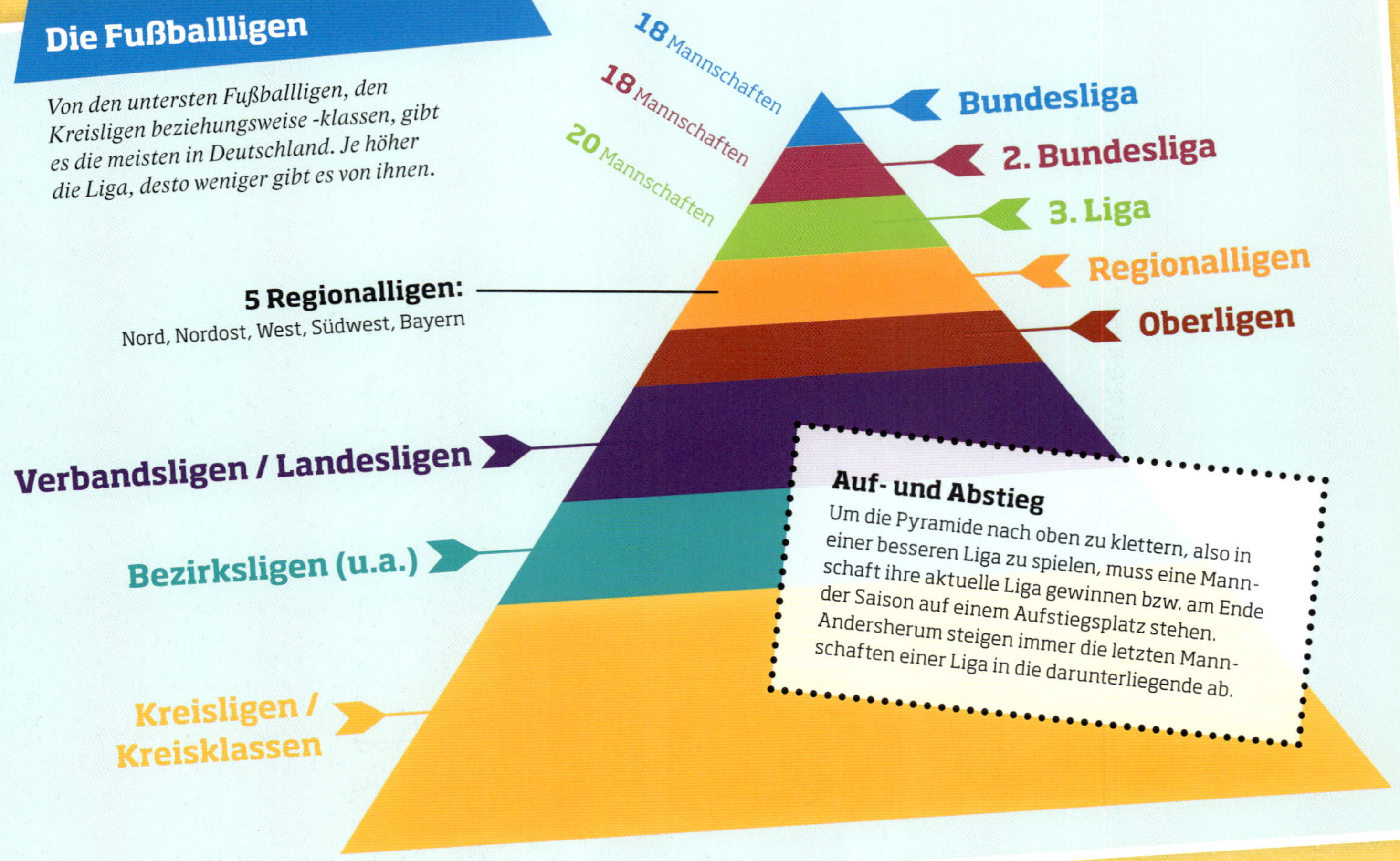

Auf- und Abstieg
Um die Pyramide nach oben zu klettern, also in einer besseren Liga zu spielen, muss eine Mannschaft ihre aktuelle Liga gewinnen bzw. am Ende der Saison auf einem Aufstiegsplatz stehen. Andersherum steigen immer die letzten Mannschaften einer Liga in die darunterliegende ab.

Sie spielen zwar nicht berufsmäßig, aber trotzdem geben die Spieler auch in der Kreisliga alles für den Sieg.

Holstein Kiel schaffte 2017 den Aufstieg in die 2. Bundesliga. Die Mannschaft feierte mit den Fans auf dem Rathausplatz.

bessere Torverhältnis, wer auf dem höheren Platz steht.

Die Amateure der Kreisklassen

Je höher die Liga, in der ein Verein spielt, desto weiter werden seine Auswärtsfahrten. In der Bundesliga spielen die besten Mannschaften Deutschlands gegeneinander. Deshalb muss Werder Bremen auch regelmäßig quer durchs Land zum FC Augsburg fahren. In den untersten Ligen, den Kreisklassen, spielen hingegen nur Vereine aus einer Region, meist sogar nur aus einer Stadt gegeneinander. Je höher die Liga, desto größer der Umkreis der Orte, aus denen Vereine am Spielbetrieb teilnehmen. In der Bezirksliga spielen Teams des ganzen Bezirks gegeneinander, in der Verbandsliga Mannschaften aus dem gesamten Verband und für die viertklassige Regionalliga ist Deutschland schon nur noch in fünf Regionen eingeteilt. Von der Kreisliga bis zur Regionalliga sind die Spieler in der Regel Amateure. Das heißt, dass sie vor allem zum Spaß Fußball spielen und ihr Geld in einem anderen Beruf verdienen. Spätestens ab der 3. Liga spielen aber nur noch Berufsfußballer, also Profis bei den Klubs.

Der DFB-Pokal

Die Spiele in einer Liga sind das tägliche Brot einer Mannschaft. Aber es gibt auch weitere Wettbewerbe, an denen sie teilnehmen. Im DFB-Pokal treffen zum Beispiel alle Profimannschaften auf die besten Amateure. Im Pokal spielen die Mannschaften nur einmal gegeneinander: Wer das Spiel verliert, scheidet aus. Das geht so lange, bis die beiden Finalisten feststehen. Traditionell findet das DFB-Pokalfinale in Berlin statt. In der ersten Runde werden den Amateurmannschaften Profivereine als Gegner zugelost. Die Spiele finden dann im Stadion des klassenniedrigeren Vereins statt. Das soll die Chance erhöhen, dass ihm die Sensation gelingt und er den Profiklub aus dem Wettbewerb schmeißen kann.

Schon gewusst?

Das System, dass in Pokalwettbewerben nur der Sieger eines Duells eine Runde weiterkommt, nennt man K.-o.-System. Genau wie beim Boxen geht der Verlierer nämlich k.o. Dieses Verfahren gibt es nicht nur im DFB-Pokal, sondern zum Beispiel auch in den Endrunden des Europapokals.

Gewinnt ihr Team Spiele im DFB-Pokal, feiern die Fans das meist mit dem Sprechchor: »Berlin, Berlin – wir fahren nach Berlin!«

Die Bundesliga

Der erste Meister der Bundesliga: der 1. FC Köln.

Über 50 Jahre ist sie alt und trotzdem ist sie jedes Jahr wieder so spannend, dass sie Millionen Fans in die Stadien und vor den Fernseher lockt: die Bundesliga. In der Saison 1963/1964 wurde sie zum ersten Mal ausgetragen. Seitdem messen sich die besten Mannschaften Deutschlands in dieser Liga. Schon in der ersten Saison waren Teams dabei, die man auch heute noch kennt: Borussia Dortmund, Eintracht Frankfurt oder Schalke 04. Aber auch Preußen Münster und der 1. FC Saarbrücken waren Teilnehmer der allerersten Bundesligasaison. Mittlerweile spielen diese Klubs in unteren Spielklassen. Heute verdienen die Stars der Bundesliga mehrere 10 000 Euro – am Tag! Wie viel die Klubs ihren Spielern zahlen, bleibt ihnen selbst überlassen. Zu Beginn der Bundesliga war das noch anders. Dort durften Spieler maximal 1 200 Deutsche Mark (also ungefähr 600 Euro) verdienen – im Monat. Deshalb hatten viele Bundesligaspieler noch einen regulären Beruf. Ihren Verein konnten sie nicht einfach wechseln: Zu Beginn der Bundesliga war es Klubs nur erlaubt, drei neue Spieler pro Saison zu verpflichten.

Die DFL Deutsche Fußball Liga

Seit 2001 werden die Bundesliga und die 2. Bundesliga nicht mehr vom DFB verwaltet, sondern von der DFL Deutschen Fußball Liga. Sie arbeitet eng mit dem DFB zusammen und natürlich gelten auch in den oberen beiden Profiligen zum Beispiel die Regeln, die der DFB vorgibt und die sich nach den Regeln der FIFA richten. Die DFL kümmert sich vor allem darum, Unternehmen zu finden, die die Vereine finanziell unterstützen. Außerdem regelt sie die mediale Übertragung der Spiele. Sie handelt zum Beispiel die Verträge mit den Fernsehsendern aus, die die Spiele zeigen dürfen.

Die Meisterschale

Der deutsche Meister bekommt die Meisterschale überreicht. Darin sind alle Titelträger eingraviert.

BUNDESLIGA

Zu den Spielen der Bundesliga kommen europaweit die meisten Zuschauer.

Rekordmeister: Der FC Bayern München hat mit Abstand die meisten Meistertitel in Deutschland gewonnen.

Der beste Torschütze einer Saison wird mit der Torjägerkanone ausgezeichnet.

Von Meistern und Überfliegern

Erster Meister der Bundesliga wurde der 1. FC Köln. Nach diesem Titelgewinn 1964 gelang dem Klub nur einmal noch (1978) der Griff nach der Meisterschale. Unglaublich und bis heute einmalig ist der Absturz des 1. FC Nürnberg in den 1970er-Jahren. 1968 errang das Team die Meisterschaft und stieg dann im folgenden Jahr als amtierender Meister in die 2. Bundesliga ab. Den umgekehrten Erfolgsweg nahm 1998 der 1. FC Kaiserslautern. Die Mannschaft war gerade in die Bundesliga aufgestiegen und wurde auf Anhieb Meister. Auch dieses Kunststück hat bis heute niemand wiederholen können. Unangefochtener Rekordmeister ist der FC Bayern München. 2022 konnte die Mannschaft ihren 32. Titel erringen.

Relegation

Die Mannschaften, die am Ende einer Saison auf dem 17. und 18. Platz der Tabelle stehen, steigen direkt in die 2. Bundesliga ab. Dafür rücken die ersten beiden Mannschaften der 2. Bundesliga in die Bundesliga auf. Für das Team, das auf dem 16. Platz steht, gibt es noch eine kleine Hoffnung: die Relegationsspiele. Im Hin- und Rückspiel gegen den Dritten der 2. Bundesliga wird ausgespielt, wer im kommenden Jahr erstklassig kicken darf.

Unglaublich!

Der 1. FC Kaiserslautern wird als Aufsteiger deutscher Meister. Das hat vorher und nachher kein Klub geschafft.

Rekord

602

Spiele bestritt Karl-Heinz »Charly« Körbel in der Bundesliga – so viele wie kein anderer Spieler. In allen Spielen trat er nur für einen Verein an: Eintracht Frankfurt.

Der Fußball lebt in den Vereinen

Markus Babbel zeigt eine ganz besondere Verbindung zu seinen Klubs: »Von jedem Fußballklub, für den ich gearbeitet habe, lasse ich mir das Vereinswappen als Tattoo stechen!« Egal ob als Spieler bei Bayern München oder als Trainer bei Hertha BSC Berlin – die Wappen dieser Vereine befinden sich beispielsweise auf seinem Körper. Rund 25 000 Fußballvereine gibt es in Deutschland, die meisten davon in Bayern. In den ersten drei Ligen wird professioneller Fußball gespielt, maximal können also 56 Vereine Profimannschaften zum Spielbetrieb anmelden. Manchmal sind es insgesamt allerdings weniger Vereine, weil in der 3. Liga auch die zweiten Mannschaften der Erstligaklubs spielen dürfen. Der FC Bayern München spielt also zum Beispiel mit zwei Mannschaften Profifußball.

Der Karlsruher SC spielt seit 2009 nicht mehr in der 1. Bundesliga. Der Verein hat jedoch eine lange Tradition und ist in ganz Deutschland bekannt.

Traditionsvereine

Für viele Fans ist es wichtig, dass ihr Klub ein sogenannter Traditionsverein ist. Sie finden, dass sich dadurch festlegen lässt, dass es der Mannschaft und dem Verein vor allem um den Fußball als Sport geht und weniger um die Möglichkeit, mit dem Fußball Geld zu verdienen. Bei der Frage, ob ein Verein als Traditionsverein bezeichnet werden kann oder nicht, spielen Dinge wie das Gründungsjahr, die Bedeutung des Vereins in der entsprechenden Stadt und auch die Anzahl der Fans eine Rolle.

In diesen Hallen arbeiteten die ersten Spieler von Bayer Leverkusen.

Werksklubs

Es gibt Vereine, die aus der Betriebsmannschaft eines Unternehmens hervorgegangen sind. Das prominenteste Beispiel in Deutschland ist Bayer 04 Leverkusen. Ursprünglich spielten hier die Angestellten des Bayer-Konzerns in ihrer Freizeit. Mittlerweile arbeitet natürlich kein Spieler der ersten Mannschaft von Leverkusen mehr in der Chemiefabrik von Bayer. Ein zweites Beispiel in Deutschland ist der VfL Wolfsburg, der eng mit dem Volkswagen-Konzern verbandelt ist. Das Wolfsburger Stadion steht sogar auf dem Gelände der »Autostadt«, in der VW seine Autos präsentiert.

Auch die Wolfsburger Mannschaft wird als »Betriebsmannschaft« bezeichnet.

Ganz besondere Liebe zu ihrem Verein: Die Fans von Union Berlin packen bei der Renovierung mit an.

Fanvereine

In manchen Vereinen engagieren sich die Fans mehr, als nur ins Stadion zu gehen. Sie wollen aktiv mithelfen, dass sich bei ihrem Lieblingsklub etwas ändert. Die Fans von Union Berlin zum Beispiel haben in vielen Stunden harter Arbeit neue Tribünen für ihr Heimstadion die Alte Försterei gebaut. Der Verein hatte nicht genügend Geld, um ein Bauunternehmen damit zu beauftragen.

Schon gewusst?

Der SC Tasmania Berlin gilt als schlechteste Bundesliga-Mannschaft aller Zeiten. In der Saison 1965/1966 gelangen dem Aufsteiger nur zwei Siege. Die Bilanz: 8:60 Punkte, 15:108 Tore. Die Mannschaft stieg als Tabellenletzter direkt wieder ab.

Konzeptvereine

In den letzten Jahren gab es immer häufiger Wirtschaftsunternehmer und Fußballmanager, die versuchen, Erfolg im Fußball ganz genau zu planen. Sie bauen einen Verein mit einem ganz speziellen Konzept auf und erstellen einen Zeitplan, nach dem die Mannschaft zum Beispiel in die nächste Liga aufsteigen oder Erfolge erringen soll. Häufig sollen diese Ziele vor allem mit viel Geld erreicht werden. Damit werden dann besonders gute Spieler und Trainer verpflichtet, moderne Trainingszentren gebaut, aber auch die Jugendabteilungen unterstützt. Ein prominentes Beispiel in Deutschland ist die TSG Hoffenheim, bei der der Unternehmer Dietmar Hopp sehr viel Geld investiert hat, um aus dem Dorfverein einen Bundesligisten zu machen.

In Leipzig investiert das Unternehmen Red Bull viele Millionen in den Klub, der offiziell RasenBallsport Leipzig heißt.

Geldgeber und Präsident der TSG Hoffenheim: Dietmar Hopp

Ein echtes Ausnahmetalent: der Fußballer Youssoufa Moukoko

Der Weg zum Profi

Beim Jugendfußball wird nicht nur zwischen höheren und niedrigeren Ligen unterschieden. Wichtig ist vor allem das Alter. Kinder und Jugendliche spielen in der Regel mit Gleichaltrigen oder ein Jahr Jüngeren beziehungsweise Älteren in einer Mannschaft. Sonst wären die körperlichen Unterschiede zu groß und die Spiele unfair. Die Mannschaften werden nach dem Alphabet benannt. In der G-Jugend spielen die Jüngsten, in der A-Jugend die Ältesten. Meistens spielen Jungs und Mädchen bis zur C-Jugend gemeinsam in einem Team. Wenn ein Spieler besonders gut ist, kann er auch mal eine Altersklasse überspringen. Ein besonderes Beispiel ist Youssoufa Moukoko, der bei Borussia Dortmund spielt. Er war als 14-Jähriger schon so gut, dass er mit der U19-Mannschaft des BVB in der Champions League der Jugendmannschaften mitspielen durfte.

In der Auswahl

Talentspäher der einzelnen Landesverbände oder großer Klubs halten immer Ausschau nach den nächsten großen Talenten wie Moukoko. Dazu besuchen sie so viele Spiele wie möglich. Fällt ihnen ein Spieler auf, wird er meistens zu einem Probetraining eingeladen. Die Verbände berufen aber auch regelmäßig Auswahlmannschaften. Dort treffen sich die besten Spieler einer Region. Sie spielen dann gegen andere Auswahlmannschaften. Die besten Jugendspieler werden vom DFB nominiert. Dort gibt es nämlich nicht nur die Nationalmannschaft, in der Manuel Neuer und Leroy Sané spielen. Für jede Altersgruppe ab 14 Jahren gibt es eine Auswahlmannschaft. Diese Teams werden als U-Mannschaften bezeichnet. In der U-15 spielen also nur Spieler, die jünger als 15 Jahre sind.

Für die U-Mannschaften aus verschiedenen Ländern gibt es auch Europa- und Weltmeisterschaften.

Die Auswahlmannschaft mit den ältesten Spielern ist die U-21-Nationalmannschaft.

Fußball-Internat

Immer mehr Profivereine verpflichten Spieler schon in jungen Jahren. Sie wollen dafür sorgen, dass kein anderer Verein die Toptalente in seine Mannschaft holt. Für junge Spieler gilt aber natürlich die Schulpflicht. Außerdem ist es für sie nicht leicht, auf einmal wie die Profis täglich zum Fußballtraining gehen zu müssen. Deshalb haben viele Profivereine Fußball-Internate eingerichtet. Dort können die Talente wohnen und mit ihren Mitspielern ganz normalen Unterricht besuchen. Jeden Nachmittag geht es dann gemeinsam zum Training. Betreuer geben den Spielern im Internat Hausaufgabenhilfe und kümmern sich um das Essen oder gemeinsame Ausflüge.

Hallenfußball

Bei den Profis spielt er keine große Rolle, bei Junioren umso mehr: der Hallenfußball. Vor allem im Winter, wenn die Fußballplätze vereist sind und Spielen dort nicht möglich ist oder keinen Spaß macht, werden überall Hallenturniere veranstaltet. In den letzten Jahren setzt sich dabei immer mehr die Variante Futsal durch. Beim Futsal wird mit einem Ball gespielt, der nicht so extrem vom Boden wegspringt. Das soll den technisch begabten Spielern zugutekommen. Futsalspiele leben von vielen Tricks und spektakulären Aktionen.

Futsal

Futsal ist eine besonders schnelle und trickreiche Variante des Hallenfußballs.

Die Konkurrenz unter den Scouts wird immer größer.

Talentscouts

Verantwortliche, die nach Talenten Ausschau halten, werden Scouts genannt. Viele Scouts sind ehemalige Profis, die von ihren Vereinen weiterbeschäftigt werden. Scouts reisen um die ganze Welt und sehen Hunderte Spiele im Jahr, um bislang unentdeckte Talente zu finden.

Jeder Bundesligist unterhält mittlerweile ein Internat für Nachwuchsspieler. Dort leben die Spieler, gehen zur Schule und verbringen ihre Freizeit.

Fußball ist für alle da!

Schutzhelme

Blinde Spieler tragen zum Schutz wattierte Helme. So sind sie und ihre Gegner geschützt, falls sie in der Hitze des Spiels mit den Köpfen aneinanderstoßen sollten.

Sehen, wie die Flanke des Mitspielers in den Strafraum segelt, hören, wie die Mitspieler jubeln, wenn man den Ball ins Tor geköpft hat, und im Sprint zur Seitenlinie laufen, um zu feiern. Es gibt Menschen, für die Sehen, Hören und Laufen aufgrund einer körperlichen Behinderung nicht möglich ist. Und trotzdem wollen sie das schönste Spiel der Welt spielen: Fußball. Damit das möglich ist, gibt es ganz besondere Spielformen, die auf ihre körperlichen Einschränkungen ausgerichtet sind. Aber auch viele Menschen mit geistiger Behinderung wollen Fußball spielen. Für sie gibt es spezielle Ligen und Wettbewerbe, damit es gerecht zugeht. Stürmer dieser Mannschaften haben vielleicht Probleme damit zu erklären, was Abseits ist. Aber wie sie den Ball ins gegnerische Tor bekommen, das wissen sie ganz genau.

Kicken nach Gehör

Der FC Schalke 04 und Borussia Dortmund gemeinsam in der ersten Liga? Was bei den Profifußballern zuletzt nicht immer der Fall war, findet aber in einer anderen Form des Fußballs statt: In der Blindenfußball-Bundesliga wird das Derby zwischen Schalke und dem BVB nämlich regelmäßig ausgetragen. Die Regeln, nach denen hier gespielt wird, sind ein wenig anders als bei den Profifußballern. Denn irgendwie müssen die Spieler wissen, wo sich der Ball befindet, auch wenn sie ihn nicht sehen können. Deshalb befindet sich eine Rassel im Inneren des Balls. Dazu geben die Trainer der Mannschaften ihren Spielern ganz

Starke Leistung: Ballkontrolle, ohne diesen zu sehen!

Das Spielfeld beim Blindenfußball ist mit einer Bande umrahmt.

Schon gewusst?

Der DFB fördert den Behindertenfußball durch seine Sepp-Herberger-Stiftung, benannt nach dem deutschen Weltmeistertrainer von 1954. Die Stiftung stellt Gelder und Organisation zur Verfügung.

Fahnenschwenker: Seine Entscheidungen zeigt der Schiedsrichter beim Gehörlosenfußball mit einer Fahne an.

konkrete Anweisungen, wohin sie laufen und schießen müssen, um ein Tor zu erzielen. Damit Schalke auch im kleinen Derby gegen den BVB Erfolg hat.

Kicken mit guter Sicht

Jugendmannschaften, Frauenfußball, Hallenmeisterschaft, eine Nationalmannschaft – beim Gehörlosenfußball gibt es fast alles, was der Fußball zu bieten hat. Vielleicht nur nicht ganz so viele schlaue Sprüche. Denn die würden Spieler und Trainer in der Regel eh nicht mitbekommen. Und auch die Pfiffe des Schiedsrichters können die meisten Spieler nicht hören. Deshalb stehen die Unparteiischen mit Fahnen auf dem Feld. Wenn sie das Spiel unterbrechen, pfeifen sie nicht nur, sondern heben auch ihre Fahne. Sonst gelten beim Gehörlosenfußball die allgemeinen Fußballregeln.

In jedem Bundesligastadion gibt es spezielle Plätze für Rollstuhlfahrer.

Der DFB veranstaltet eigens Seminare, um Reporter für die Übertragung für blinde Fans auszubilden.

Hilfe im Stadion

Auch für Fans mit Behinderung gibt es in den Fußballstadien Hilfe. Überall halten die Vereine spezielle Plätze für Rollstuhlfahrer und ihre Betreuer bereit. Sie befinden sich oft ganz nah am Spielfeldrand. Dort kommt man einigermaßen einfach hin, ohne Treppen oder andere Hindernisse überwinden zu müssen. Außerdem ist man den Spielern dort so nah wie nirgends – ein ganz besonderes Fußballerlebnis. Auch für blinde Fans halten immer mehr Vereine Angebote bereit. Für sie gibt es speziell geschulte Reporter im Stadion, die das Spiel so detailliert wie möglich beschreiben. Die blinden Fans sitzen dann mit Kopfhörern im Stadion und verpassen keine Szene.

11 Fakten aus der Bundesliga

Ein Fest für Zahlenfreunde: Auf dieser Seite befinden sich elf Fakten aus der Bundesliga – genauso viele, wie eine Mannschaft Spieler hat. Mit diesem Wissen kannst du punkten!

Das 1.

Bundesligaspiel der Geschichte begann eine Minute zu früh. Schiedsrichter Ott pfiff die Partie zwischen Werder Bremen und Borussia Dortmund am 24.08.1963 um 16:59 Uhr an, offizieller Anstoß wäre um 17:00 Uhr gewesen. Weil das 1:0 in der ersten Minute des Spiels fiel, wurde das erste Bundesligator vor dem Start der Bundesliga geschossen.

2x

konnte der VfL Wolfsburg den Torschützenkönig einer Saison stellen: 2009 Grafite und 2010 Edin Džeko. Die meisten Torjäger der Bundesligageschichte kommen – natürlich – vom FC Bayern München.

3 Punkte

Erst seit 1995 gibt es für einen Bundesligasieg drei Punkte. Davor bekam die siegreiche Mannschaft nur zwei Punkte in der Tabelle gutgeschrieben.

4 Treffer

Wolf-Ingo Usbeck ist der Rekordtorjäger von Tasmania Berlin. Niemand traf häufiger für den Verein als er. Insgesamt bringt er es auf stolze vier Bundesligatreffer.

5 Tore

in neun Minuten schoss Robert Lewandowski für den FC Bayern München im Spiel gegen den VfL Wolfsburg in der Saison 2015/2016. So schnell schoss noch niemand so viele Tore.

6× verpasst

Bayer Leverkusen wird auch als »Vizekusen« verspottet, weil es so häufig den Titel verpasste und nur Zweiter der Bundesliga wurde. Insgesamt passierte den Leverkusenern das bereits sechs Mal.

7 Spieltage

In der Saison 2013/2014 stand schon sieben Spieltage vor dem Ende fest: Der FC Bayern München wird Deutscher Meister. Damit hält der Rekordmeister der Bundesliga auch diese Bestmarke. Nie zuvor war eine Mannschaft früher als am 27. Spieltag nicht mehr vom ersten Platz zu vertreiben.

8× rot

Für sie war das Spiel besonders häufig frühzeitig beendet: Jens Nowotny spielte für Karlsruhe und Leverkusen in der Bundesliga, Luiz Gustavo für Hoffenheim, Wolfsburg und Bayern München. Dabei spielten sie häufig nicht die ganzen 90 Minuten. Beide wurden jeweils achtmal vom Platz gestellt – Rekord.

9 Sekunden

Ganze neun Sekunden brauchte Karim Bellarabi von Bayer Leverkusen für sein Tor am ersten Spieltag der Bundesliga-saison 2014/2015: das schnellste Tor der Bundesligageschichte. Der alleinige Rekord hielt nur ein Jahr. In der Saison 2015/2016 erzielte auch Kevin Volland für Hoffenheim ein Tor nach neun Sekunden.

10 gelbe Karten

Im Spiel Borussia Dortmund gegen Bayern München am 07.04.2001 wurden insgesamt zehn Gelbe Karten verteilt, außerdem zwei Rote und eine Gelb-Rote. Es ist bis heute das Bundesligaspiel mit den meisten persönlichen Strafen.

Nur 11 Treffer

Der 26. Spieltag der Saison 1989/1990 ist der schlechteste Spieltag aller Zeiten. Insgesamt fielen in den Bundesligapartien nur elf Treffer. Der Durchschnitt liegt heute bei circa 27 Treffern pro Spieltag.

Der Weltverband

Die Zentrale der FIFA steht in Zürich in der Schweiz.

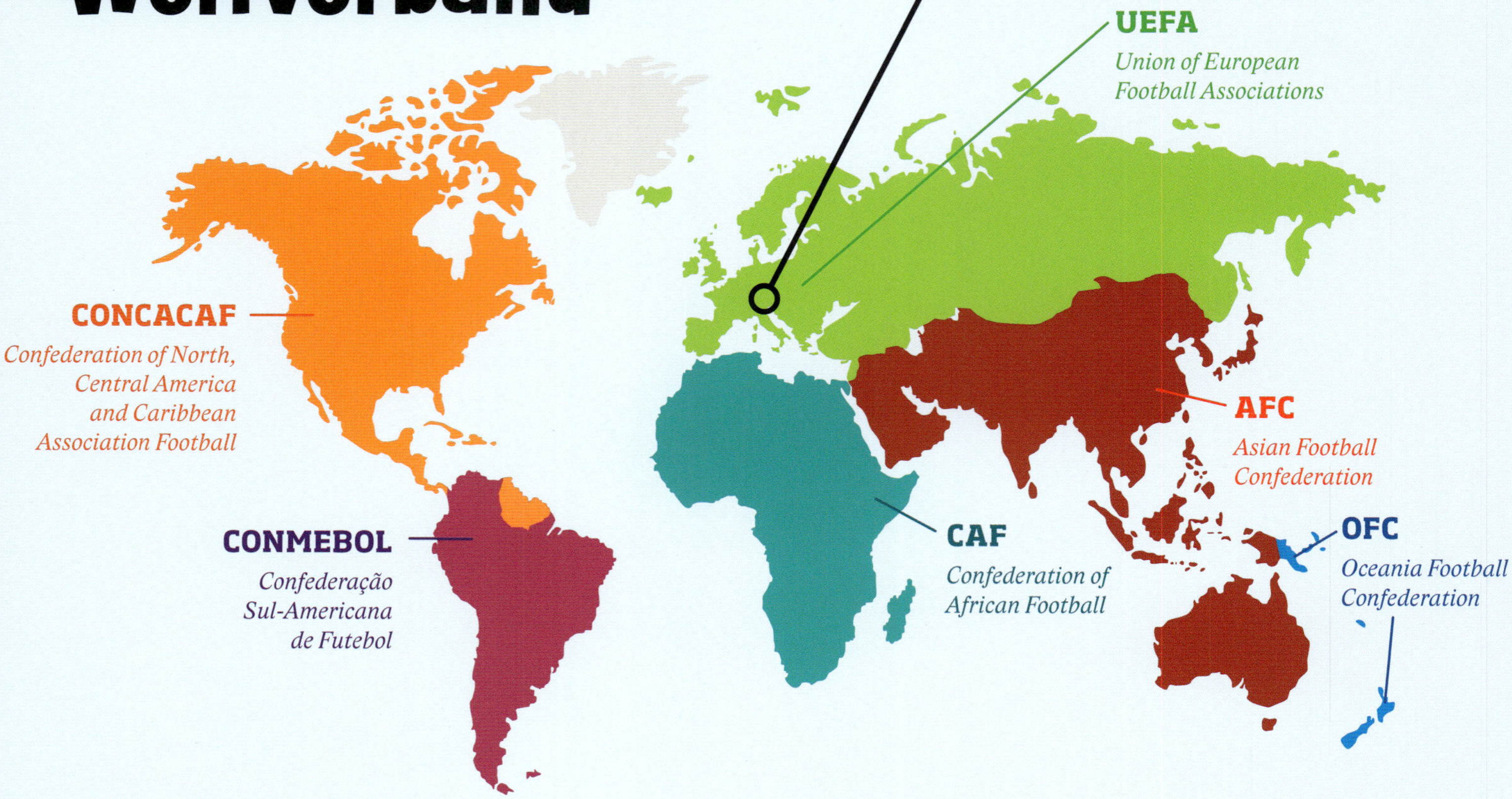

FIFA

Fédération Internationale de Football Association

Im Konferenzraum

An der Spitze der FIFA steht ihr Präsident. Er wird von Vertretern aller Fußballverbände gewählt. 2016 stellen sich seit vielen Jahren das erste Mal wieder mehrere Kandidaten zur Wahl. Der Präsident kann aber nicht alle Entscheidungen allein treffen. Dazu gibt es Kommissionen und Ausschüsse. Vertreter aus verschiedenen Ländern der Welt werden für diese Gruppen gewählt. Sie bestimmen dann beispielsweise, wo die nächste WM stattfinden wird oder welche Fernsehsender die Spiele übertragen dürfen.

Nationalverbände:

211

- *Größter Nationalverband: DFB*
- *Kleinster Nationalverband: Fußballverband von Montserrat*

Wettbewerbe, die die FIFA organisiert:

- *WM der Frauen und der Männer*
- *FIFA-Konföderationen-Pokal*
- *Olympisches Fußballturnier*
- *diverse U-Turniere*
- *Beachsoccer-WM*
- *Futsal-WM*
- *FIFA-Klub-WM*

Der organisierte Fußball hat mehrere Ebenen: Die Organisation im eigenen Land übernimmt der Nationalverband, in Deutschland ist das der DFB. Darüber folgt der Kontinentalverband, in Europa die UEFA. Über allem steht und wacht der Weltverband, die FIFA. FIFA ist die Abkürzung für den französischen Begriff Fédération Internationale de Football Association. 1904 wurde der Weltverband in Paris gegründet; mittlerweile gehören ihm 211 Nationalverbände, also die Fußballorganisationen von Staaten, an. Die FIFA legt die allgemeinen Fußballregeln fest und organisiert Weltmeisterschaften und die Klub-WM. Die Rolle der FIFA ist bei Vereinen und Fans immer ein wenig umstritten: Zum einen organisiert sie tolle Fußballfeste, zum anderen schränkt sie mit strengen Bedingungen den Fußball ein.

Rekord

6,1 Milliarden €

nahm die FIFA allein bei der WM 2018 in Russland ein. Ein Großteil des Geldes geht an die Mitgliedsverbände und an Fußballprojekte in Russland. Einiges behält die FIFA aber auch als Gewinn.

Die von der FIFA organisierten Turniere locken Millionen von Fans an.

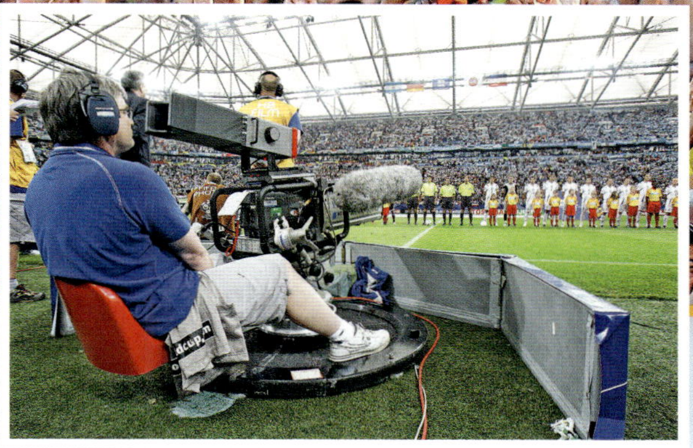

Um Fußballspiele zeigen zu dürfen, müssen Fernsehsender hohe Lizenzgebühren zahlen: eine wichtige Einnahmequelle der FIFA.

Strenge Organisation

Ein ganzer Tag im Stadion macht hungrig und durstig – auch die Fans bei der Weltmeisterschaft 2014 in Brasilien. Da käme ein Fisch vom Grill oder eine erfrischende Kokosnuss, aus der man die Milch mit einem Strohhalm trinkt, gerade recht. In Brasilien ist das eigentlich kein Problem: Kleinere Essensstände und Obstverkäufer, die einem die Kokosnuss mit einer Machete aufschlagen, gibt es an jeder Ecke. Nur nicht zur WM rund um die Stadien in Manaus, Rio de Janeiro und all den anderen Spielorten. Hier durfte nur verkauft werden, was die FIFA erlaubt: neun verschiedene Snacks, fünf Getränke. Alles hergestellt von denselben Firmen – Partner der FIFA. Nur diese Firmen durften bei der WM Essen und Getränke verkaufen. Und deshalb war es niemand anderem erlaubt, rund um die Stadien eigene Lebensmittel zu verkaufen. Solche und viele ähnliche Geschichten sind der Grund dafür, dass es an der FIFA immer wieder Kritik gibt. Ohne sie geht es aber auch nicht – auf Fußball will schließlich niemand verzichten.

Mehr Einnahmen

Offiziell geht es der FIFA immer um den Sport und darum, dass möglichst viele Menschen erfolgreichen Fußball sehen können. Dazu hat der Weltverband allerdings auch finanzielle Interessen. Deshalb lässt er sich immer wieder neue Dinge einfallen, mit denen er mehr Geld verdienen kann. So zum Beispiel auch die Klub-WM, die zum ersten Mal im Jahr 2000 ausgetragen wurde und seit 2005 regelmäßig veranstaltet wird. Hier spielen die Gewinner der höchsten Spielklasse aller Kontinentalverbände gegeneinander. Aus Europa nimmt also der Champions-League-Gewinner teil. Vor allem zu Beginn musste das Turnier dreimal abgesagt werden, weil die Vereine gegen die Belastungen dieser zusätzlichen Spiele waren. Aber sowohl die Klubs als auch die FIFA selbst bewerteten am Ende die Möglichkeiten, durch Sponsoren und die Fernsehübertragung mehr Geld zu verdienen, stärker als die Belastungen für die Spieler.

Rekordsieger der Klub-Weltmeisterschaft: Real Madrid.

Weltmeisterschaft 2014: Zum vierten Mal können deutsche Nationalspieler den Weltpokal in den Händen halten.

Die Welt sucht ihren Meister

Alle vier Jahre treffen sich die besten Nationalmannschaften der Welt, um zu ermitteln, wer weltweit den besten Fußball spielt. Das Turnier findet immer in mehreren Städten eines Ausrichterlandes statt. In welchem Land die nächste WM gespielt wird, entscheidet ein Gremium der FIFA. Die Kandidaten können sich bewerben und müssen ein Konzept vorlegen, in dem zum Beispiel steht, in welchen Stadien gespielt werden soll. Viele Länder haben großes Interesse, eine WM auszurichten: Sie werden dann von vielen Touristen besucht, können viel Geld einnehmen und den besten Fußball der Welt präsentieren.

Ausgelassene Stimmung nach einem harten Spiel: Die Nationalmannschaft feiert das 1:0 gegen Argentinien im Finale der WM 2014.

Die Top 3 der Weltmeister:

Deutschland erreichte öfter den zweiten Platz als Italien und steht deshalb auf dem zweiten Rang.

Brasilien
5 Titel
1958, 1962, 1970, 1994, 2002
1

Deutschland
4 Titel
1954, 1974, 1990, 2014
2

Italien
4 Titel
1934, 1938, 1982, 2006
3

Botschafter des eigenen Landes

Die Trainer der Nationalmannschaften nominieren vor einer WM die Spieler, die mit zum Turnier reisen dürfen. Diese Kicker sind dann sozusagen als Botschafter unterwegs, um ihr eigenes Land so gut es geht zu vertreten. Das Trikot einer Nationalmannschaft dürfen nur Spieler tragen, die Bürger des jeweiligen Landes sind.

Es darf nicht jeder auf den Platz

Dürften alle 211 Mitglieder der FIFA an der WM teilnehmen, würde das Turnier Monate dauern. Bei einer Weltmeisterschaft sollen aber nur die Besten gegeneinander spielen. Deshalb gibt es im Vorfeld eine Qualifikation. Innerhalb der Kontinentalverbände wird in Gruppen ausgespielt, wer zum Turnier reisen darf. Belgien zum Beispiel könnte dort gegen Rumänien oder Finnland spielen müssen, aber niemals gegen Südkorea oder die USA. Die Kontinentalverbände bekommen unterschiedlich viele Startplätze zugesprochen. Europa und Südamerika eher mehr – hier spielen besonders viele gute Mannschaften. Dagegen gibt es in Ozeanien beispielsweise nicht so viele Nationalverbände. Deshalb fahren aus dieser Region weniger Teams zu einer WM.

Die ersten Weltmeister

Frankreich, Belgien, Rumänien und Jugoslawien – dies waren die einzigen vier europäischen Teilnehmer der ersten WM 1930. Das lag aber nicht daran, dass andere europäische Länder keine Lust gehabt hätten, an der WM teilzunehmen. Das Turnier fand jedoch in Uruguay in Südamerika statt. Die Reise dorthin war sehr beschwerlich und teuer. Das wollten die anderen Europäer nicht auf sich nehmen. Im ersten Finale standen sich dann Uruguay und Argentinien gegenüber. Der Gastgeber gewann mit 4:2. Seit 1930 findet die WM alle vier Jahre statt, nur 1942 und 1946 fiel sie wegen des Zweiten Weltkriegs aus.

Finale unterm Weihnachtsbaum

Die Gastgeber der nächsten beiden Weltmeisterschaften stehen schon fest: 2026 sind es Kanada, Mexiko und die USA. Vier Jahre zuvor im Jahr 2022 ist es Katar. Besonders diese »Wüsten-WM« sorgt für Diskussionen bei Fans und den Fußball-Verantwortlichen. Neben Fragen zur Vergabe des Turniers und den Bedingungen, unter denen die Bauarbeiter arbeiten, sind auch die Voraussetzungen für die Spieler ein großes Thema. Eigentlich findet eine WM immer im Sommer statt. Zu dieser Zeit herrschen in Katar aber Temperaturen von 35 bis 45 Grad Celsius – im Schatten. An Spitzensport wäre da nicht zu denken. Nach langen Diskussionen hat sich die FIFA deshalb entschlossen, das Turnier in den Winter zu verlegen. Das Finale der WM 2022 wird am vierten Advent stattfinden.

Funny Fact

Nur einmal gejubelt

Fünf Mannschaften konnten bei ihren WM-Teilnahmen kein einziges Tor erzielen, aber nur eine kassierte bei zwei Teilnahmen 22 Gegentore. Das Team von El Salvador schaffte aber immerhin in insgesamt sechs WM-Spielen ein eigenes Tor.

Aufmerksam verfolgen diese Scheichs ein Testspiel der Bayern in Doha 2012.

Das Logo für die WM 2022 soll unter anderem die verschiedenen Kulturen Katars widerspiegeln.

Rekorde weltweit

Auch bei Weltmeisterschaften, wenn die Besten der Besten gegeneinander spielen, gibt es noch Mannschaften und Spieler, die besonders herausragen. Diese Rekorde sind weltweit einzigartig.

Rekordweltmeister der Frauen

2019 gewann das Team der USA den vierten Weltmeistertitel. Bei der WM in Frankreich siegten die Amerikanerinnen im Finale mit 2:0 gegen die Niederlande. Zuvor konnten sie schon 1991, 1999 und 2015 den WM-Pokal gewinnen. Deutschland liegt mit zwei Titeln auf Platz zwei der Rangliste.

Rekordspieler

Der Spieler mit den meisten Weltmeisterschaftseinsätzen trug dabei das deutsche Trikot: Lothar Matthäus spielte 25 Mal bei insgesamt fünf WM-Turnieren, 1990 holte er mit der deutschen Nationalmannschaft den Pokal. Bei den Frauen ist die US-Amerikanerin Kristine Lilly mit sogar 30 Spielen Rekordhalterin. Zweimal (1991 und 1999) wurde sie Weltmeisterin.

Rekordtorschützen

Die Ranglisten der Torschützen wird bei den Männern von einem Deutschen angeführt: Miroslav Klose schoss bei der WM 2014 sein 16. WM-Tor und ist seitdem Rekordhalter. Sogar ein WM-Tor mehr, nämlich 17, erzielte die Brasilianerin Marta. Damit ist sie die erfolgreichste Torschützin.

173 850

Zuschauerrekorde

Nigeria gegen Kanada – dieses Spiel der Frauen-WM 1995 lockte nur 250 Zuschauer ins Stadion und ist damit das WM-Spiel mit den wenigsten Fans. Das Finale der WM 1999 zwischen den USA und China hingegen wollten über 90 000 Zuschauer live erleben. Fast doppelt so viele Menschen sollen es beim Männerfinale der WM 1950 zwischen Brasilien und Uruguay gewesen sein. Die Verhältnisse im Maracanã-Stadion waren relativ chaotisch; deshalb konnten die Zuschauer nicht genau gezählt werden. Man geht aber von insgesamt 173 850 Fans aus.

Schon gewusst?

Drei gelbe Karten in einem Fußballspiel für denselben Spieler. Dieses Missgeschick passierte dem Schiedsrichter Graham Poll bei der Weltmeisterschaft 2006. Im Spiel gegen Australien zeigt er dem Kroaten Josip Šimunić zweimal die gelbe Karte. Erst bei der dritten gab es dann Gelb-Rot.

Rekord

17 Jahre

Der Brasilianer Pelé hält immer noch den Rekord als jüngster WM-Torschütze und jüngster Weltmeister – beides 1958, mit 17 Jahren.

Miniteilnehmer

Für die Männer-WM 2018 in Russland konnte sich die Nationalmannschaft von Island qualifizieren. 2016 nahm sie bereits an der EM teil. Island hat circa 350 000 Einwohner – alleine die Stadt Frankfurt am Main hat doppelt so viele. Damit ist Island das kleinste Land, das je an einer WM teilnahm.

Die bitteren Verlierer

Kein Tor kassiert und trotzdem raus. 2006 musste die Schweiz nach ihrem Achtelfinalspiel nach Hause fahren, obwohl sie in diesem Spiel und auch in der kompletten Vorrunde kein einziges Gegentor in der regulären Spielzeit kassiert hatte. Das Achtelfinale gegen die Ukraine ging 0:0 aus, im Elfmeterschießen verlor die Schweiz das Spiel (links: Jakob Kuhn, der damalige Schweizer Trainer).

Die fünf olympischen Ringe symbolisieren die fünf Kontinente.

Olympischer Fußball

Denkbar knapp – mit 5:4 im Elfmeterschießen – gewann Brasilien 2016 gegen Deutschland.

Gemessen am Interesse der Zuschauer und am organisatorischen Aufwand gehören die Olympischen Spiele neben der Fußballweltmeisterschaft zu den größten Sportereignissen der Welt. Auch die Olympiade findet alle vier Jahre statt – immer zwei Jahre nach einer Weltmeisterschaft. In insgesamt 33 Sportarten messen sich Athleten aus aller Welt. Boxen ist dabei, Judo oder Kanufahren. Und natürlich auch Fußball. Seit 1908 gehört der Männerfußball zu den olympischen Disziplinen, 1996 kam auch der Frauenfußball dazu.

Junge Männer

Immer wieder gab es in der Vergangenheit Streitigkeiten zwischen dem Olympischen Komitee, also den Organisatoren der Olympischen Spiele, und dem Fußballweltverband FIFA, welche Fußballmannschaften am olympischen Turnier teilnehmen sollten. Die FIFA hatte dabei vor allem die Sorge, dass die Weltmeisterschaft keinen besonderen Stellenwert mehr hätte, wenn alle Topteams schon zwei Jahre zuvor bei Olympia gegeneinander spielten. Deshalb einigte man sich auf die Regelung, dass beim olympischen Fußballturnier nur Spieler antreten dürfen, die nicht älter als 23 Jahre sind. Allerdings darf jede Nationalmannschaft drei Spieler benennen, für die die Alterseinschränkung nicht gilt. Für das olympische Fußballturnier müssen sich die Mannschaften qualifizieren. Aus Europa zum Beispiel dürfen die vier Halbfinalisten der letzten U-21-EM teilnehmen.

Bei den Olympischen Spielen 2016 konnte sich die deutsche Frauennationalmannschaft das erste Mal die Goldmedaille sichern.

Vier Mal Olympia

Renate Lingor nahm an vier Olympiaden teil. Aus Deutschland schafften das sonst nur Birgit Prinz und Kerstin Stegemann.

Das Team der DDR konnte 1976 die Goldmedaille gewinnen.

Alle Frauen

Bei den Frauen gibt es keine Alterseinschränkung für die Spielerinnen. Offenbar fürchtet die FIFA hier keine Abwertung des eigenen Turniers. Weil bei der Olympiade tatsächlich die besten Mannschaften mit den besten Spielerinnen teilnehmen, hat das olympische Frauenturnier auch einen höheren Stellenwert als das der Männer. Wenn man die vergangenen Turniere betrachtet, kann man behaupten, dass die Olympiasiegerinnen im Fußball eigentlich schon im Vorfeld feststehen. Von bisher fünf Turnieren konnte das Team der USA nämlich vier für sich entscheiden. Für Olympia qualifizieren sich die jeweils besten Teams eines Kontinents bei der Weltmeisterschaft.

Deutsche Olympioniken

Für die Olympischen Spiele 2016 in Rio de Janeiro qualifizierten sich sowohl die deutsche Frauen- als auch die Männernationalmannschaft. Das hatte es vorher noch nie gegeben. Beide Teams erreichten das Finale, die Frauen gewannen sogar ihr Endspiel gegen Schweden. Davor hatte es höchstens Silber- und Bronzemedaillen für die deutschen Nationalmannschaften gegeben. Einzige Ausnahme: 1976 gelang der Männermannschaft der DDR in Montreal der Titelgewinn.

→ Rekord

6 olympische Turniere

und 29 Spiele bei Olympia: Auf mehr Teilnahmen und Einsätze als die Brasilianerin Formiga kommt keine andere Spielerin.

Funny Fact

Der »10-Tore-Fuchs«

Gottfried Fuchs – wohl kaum ein Fußballfan kennt diesen Namen. Kein Wunder: Der Karlsruher Stürmer stand in seiner Karriere nur bei sechs Länderspielen auf dem Platz. Und das vor mehr als 100 Jahren. Sein letztes Länderspiel bestritt er nämlich 1913. Trotzdem war Gottfried Fuchs ein ganz besonderer Nationalspieler. Bei den Olympischen Spielen 1912 gelangen ihm im Spiel gegen Russland nämlich zehn Tore. So viele Treffer erzielte kein anderer deutscher Spieler in einem Länderspiel vor und nach ihm.

Der europäische Verband

Das Logo der UEFA beinhaltet die Europakarte.

Israel
Das südlichste Mitglied

UEFA

Union of European Football Associations

Nationalverbände:
55

Wettbewerbe, die die UEFA organisiert:

- *Europameisterschaft (EM)*
- *Europapokal*
- *UEFA Nations League*

Angeberwissen

- Offiziell hat der Verband aber einen französischen Namen: Union des Associations Européennes de Football.
- Doch gleichgültig, ob englisch oder französisch, die deutsche Übersetzung lautet Vereinigung Europäischer Fußballverbände.

Der gemeinsame europäische Verband aller Fußballverbände heißt UEFA. Die allgemeinen Fußballregeln bestimmt die FIFA mit ihren Gremien. Für die Umsetzung der Regeln in Europa und die Organisation der Europameisterschaft und des Europapokals ist allerdings die UEFA zuständig. Sie wurde 1954 gegründet und hat mittlerweile 55 Mitgliedsverbände. Genau wie die FIFA hat auch die UEFA ihren Hauptsitz in der Schweiz. Allerdings liegt die Zentrale des europäischen Fußballverbands nicht in Zürich, sondern in Nyon. Inklusive aller Jugendturniere im Nationalmannschafts- und Vereinsfußball organisiert die UEFA 18 Wettbewerbe.

Auch Israel ist Teil der UEFA, obwohl das Land nicht in Europa liegt.

Die erste englische Liga, die Premier League, gilt als eine der besten der Welt und hat begeisterte Fans.

Die großen Mitglieder

Die Initiative zur Gründung der UEFA ging von den Verbänden Frankreichs, Italiens und Belgiens aus. Belgien zählt heute wohl nicht zu den erfolgreichsten Nationen im Fußball. Die Ligen und Nationalteams aus Frankreich und Italien gehören aber zu den weltweit führenden. Dazu kommen Spanien, England und Deutschland. In diesen Ländern wird mit dem Fußball das meiste Geld verdient, gehen die meisten Fans ins Stadion und spielen deshalb auch die größten Stars.

Mitglieder außerhalb des Kontinents

Nicht jedes Mitgliedsland der UEFA befindet sich auf dem europäischen Kontinent. Weite Teile von Russland oder der Türkei liegen zum Beispiel in Asien. Deshalb könnten sie theoretisch auch Mitglied des asiatischen Fußballverbands sein. Dass sie trotzdem in Europa Fußball spielen, hat vor allem damit zu tun, dass sich die beiden Länder politisch und kulturell eher europäisch fühlen. Bei einer EM gegen die Topklubs aus Europa zu spielen, ist wohl auch lukrativer, als an den Asienmeisterschaften teilzunehmen.

UEFA Fünfjahreswertung

Die UEFA Fünfjahreswertung gehört zu den kompliziertesten Tabellen, die es im Fußball gibt. Anhand der Abschlusstabelle in jedem Jahr wird bestimmt, wie viele Mannschaften aus einem Verband an den europäischen Ligen Champions League und Europa League teilnehmen dürfen. Wie gut ein Land in der Fünfjahreswertung platziert ist, bestimmen die Erfolge der Mannschaften aus diesem Land. Mit einem speziellen Punktesystem werden diese Erfolge zusammengezählt und schließlich alle Gesamtzahlen aus den jeweils letzten fünf Jahren addiert. Und dann weiß man endlich, ob Deutschland zum Beispiel nur drei oder vier Mannschaften zur Champions League anmelden darf.

Eine neue Liga für Europa

In den Zeiten zwischen Welt- und Europameisterschaften bestreiten die europäischen Nationalmannschaften zwei verschiedene Arten von Spielen: Entweder spielen sie in den Qualifikationsspielen für das nächste Turnier oder sie treten in der UEFA Nations League gegeneinander an. Dabei werden de Nationalmannschaften von der ersten bis zur vierten Liga eingeteilt und spielen dann um die Meisterschaft beziehungsweise um Auf- und Abstieg. Diese neuen Ligen wurden erst im Jahr 2018 neu eingeführt.

Die Spanierin Alexia Putellas gewann 2021 nicht nur mit Barcelona die Champions League, sondern wurde auch zu Europas Fußballerin des Jahres gewählt.

Die Ligen der Topklubs

Im Europapokal treffen jede Saison die besten Mannschaften der europäischen Fußballligen aufeinander. Die Mannschaften, die in der eigenen Liga am besten abgeschnitten haben, dürfen in der folgenden Saison gegeneinander spielen. Die Spiele finden unter der Woche am Abend statt – wenn in den Heimatligen der Vereine keine Spiele ausgetragen werden.

Viele der Spiele sind Spitzenspiele, weil hier wirklich die Besten der Besten gegeneinander antreten. Außerdem ist es für Vereine, Spieler und Fans schön und spannend, nicht nur gegen Bremen oder Augsburg zu spielen, sondern ausländische Vereine zu begrüßen und interessante Auswärtsfahrten zu bestreiten.

Schon gewusst?

Seit der Saison 2021/2022 gibt es in Europa einen dritten Wettbewerb für Vereinsmannschaften: die UEFA Europa Conference League. Insgesamt nehmen 32 Mannschaften daran teil. So bekommen Mannschaften, die sich nicht für die Champions League oder die Europa League qualifizieren konnten, noch eine weitere Chance auf europäische Spiele.

Champions League

2019 konnte Trainer Jürgen Klopp den FC Liverpool zum Titelgewinn in der Champions League führen.

Sieger:

- 2021/22: **Real Madrid**
- 2020/21: **FC Chelsea**
- 2019/20: **FC Bayern München**
- 2018/19: **FC Liverpool**
- 2017/18: **Real Madrid**

Eigentlich spielten im Pokal der Landesmeister tatsächlich nur die Meister der europäischen Fußballligen gegeneinander. Im direkten K.-o.-Modus spielten die Mannschaften in Hin- und Rückspielen den gesamteuropäischen Meister aus. 1991 wurde der Pokalwettbewerb durch die Champions League ersetzt. Nach einigen Änderungen am Ablauf spielen heute nicht nur die Meister, sondern die bis zu viertbesten Mannschaften einer Liga mit. Außerdem beginnt die Champions League mit einer Gruppenphase. Die zwei besten Mannschaften jeder Gruppe spielen dann ab dem Achtelfinale im K.-o.-Modus gegen die zwei besten aus einer anderen Gruppe. Das Finale findet immer an einem anderen, neutralen Spielort statt.

Europa League

Die Europa League ist sozusagen die zweite Liga Europas. Hier spielen die Mannschaften gegeneinander, die in ihren Ligen hinter den Champions-League-Teilnehmern gelandet sind. Die Pokalsieger hatten früher einen eigenen europäischen Wettbewerb, heute spielen auch sie in der Europa League. Nach einer Qualifikationsphase, in der die Klubs kleinerer Ligen und die Mannschaften, die in großen Ligen weiter unten in der Tabelle stehen, gegeneinander spielen, gibt es auch bei diesem Wettbewerb eine Gruppenphase. Die besten der Gruppen spielen im K.-o.-Modus gegeneinander, dazu kommen die Drittplatzierten aus den Champions-League-Gruppen. Auch das Finale der Europa League findet immer an einem anderen Ort statt.

2016 gewann der FC Sevilla zum dritten Mal hintereinander und zum fünften Mal insgesamt die Europa League – absoluter Rekord!

Die Spielerinnen des 1. FFC Frankfurt feiern den Gewinn der Women's Champions League.

Women's Champions League

Die besten Frauenteams aus Europa messen sich in der Women's Champions League. Das Turnier wird direkt im K.-o.-Modus mit Hin- und Rückspiel ausgetragen. Das Finale wird in derselben Stadt ausgetragen, in der auch das Champions-League-Finale der Männer stattfindet – allerdings schon einige Tage oder Wochen vorher und nicht im selben Stadion. Besonders erfolgreich sind die Mannschaften aus Frankreich, Deutschland und Schweden.

UEFA Super Cup

2017 konnte Real Madrid den Titel des UEFA Super Cups verteidigen. Das gelang vorher nur Ajax Amsterdam und dem AC Mailand.

Um die wirklich beste Mannschaft Europas zu ermitteln, spielt am Ende einer Europapokal-Saison der Gewinner der Champions League gegen den Gewinner der Europa League. Dabei gibt es direkt ein Finale, das jedes Jahr in einer anderen Stadt stattfindet. Neben Barcelona konnte den Super Cup am häufigsten der AC Mailand gewinnen, insgesamt fünfmal. Der FC Bayern München gewann ihn bis jetzt zweimal: 2013 und 2020.

Europa sucht seinen Meister

Genau wie die Weltmeisterschaft wird die Europameisterschaft alle vier Jahre ausgetragen. Auch für dieses Turnier gibt es eine Qualifikation, auch hier wird der Sieger in einem mehrwöchigen Turnier ermittelt. Der Gastgeber ist gesetzt und muss sich nicht qualifizieren. Alle anderen 54 Mitglieder des europäischen Fußballverbands spielen vorab in Gruppen gegeneinander, um zu ermitteln, wer an dem Turnier teilnehmen darf. Diese Qualifikationsrunde dauert insgesamt ungefähr anderthalb Jahre. Nationalmannschaften können sich auch über die neue UEFA Nations League qualifizieren.

Ein Turnier für Europa

Der Europapokal der Nationen war der Vorläufer der EM und wurde als eine Art Liga ausgetragen. Ab 1960 wurde der Europameister mit der Austragung eines Turniers ermittelt. Die Premiere fand in Frankreich statt, Sieger wurde Russland. Seitdem konnten Deutschland und Spanien den Pokal jeweils dreimal gewinnen, Frankreich schaffte es zweimal. Neben Russland gibt es noch fünf weitere Nationen, die wenigstens einmal Europameister wurden: Italien, Tschechien, die Niederlande, Dänemark, Griechenland und zuletzt Portugal.

Wem passt der Goldene Schuh?

Nicht nur die beste Mannschaft, auch die besten Einzelspieler werden bei einer Europameisterschaft ermittelt. Der Spieler,

Die letzte Europameisterschaft gewann Italien im Sommer 2021.

Der Spanier Iker Casillas hat die meisten EM-Turniere bestritten: fünf Stück.

der die meisten Tore erzielen konnte, bekommt als Auszeichnung den Goldenen Schuh überreicht. Außerdem wählen Verantwortliche der UEFA das sogenannte All-Star-Team, in dem die besten Spieler des Turniers aufgeführt sind.

Europas Frauen

Lange Zeit war die deutsche Fußballnationalmannschaft die erfolgreichste Europas. Bei zwölf Europameisterschaften konnte sie achtmal gewinnen. Für die ersten beiden Turniere 1984 und 1987 konnte sich die DFB-Elf nicht qualifizieren. Danach gewann sie jede Europameisterschaft - bis auf 1993 und 2017. 2017 fand die Frauen-EM in den Niederlanden statt, die DFB-Elf startete wieder als Favorit ins Turnier. Umso größer war die Überraschung, als das Team von Bundestrainerin Steffi Jones schon im Viertelfinale gegen Dänemark ausschied. Den Titel gewann Holland.

Die Europameisterschaft 2017 war für Steffi Jones das erste Turnier als Bundestrainerin.

Europameisterschaft 2024

Die nächste Europameisterschaft findet in Deutschland statt. 2024 wird das Turnier in zehn Städten ausgetragen. Die meisten Zuschauer finden im östlichsten Stadion Platz: im Berliner Olympiastadion. Spiele werden auch in Leipzig, Stuttgart und Frankfurt ausgetragen. Das nördlichste EM-Stadion steht in Hamburg, das südlichste ist die Arena in München. Dazu kommen noch vier Standorte in Nordrhein-Westfalen: Köln, Gelsenkirchen, Dortmund und das mit gut 46 000 Plätzen kleinste Stadion in Düsseldorf.

Rekorde!

- Mit neun Toren ist Michel Platini Rekordtorschütze aller Europameisterschaften. Gemeinsam mit Cristiano Ronaldo.
- Das schnellste EM-Tor schoss Dmitri Kiritschenko 2004 für Russland: 67 Sekunden nach Anstoß.
- Den höchsten EM-Sieg schafften die Niederlande 2000 mit 6:1 gegen Jugoslawien.

EM-Titel der deutschen Mannschaften

Männer:

3 Titel

1972 in Belgien
1980 in Italien
1996 in England

Frauen:

8 Titel

1989 in Deutschland
1991 in Dänemark
1995 in Deutschland
1997 in Norwegen
2001 in Deutschland
2005 in England
2009 in Finnland
2013 in Schweden

Ganz besonders

Ob bei der Europameisterschaft, im Europapokal oder in ihren eigenen Ligen – diese Vereine und Spieler haben ganz besondere europäische Geschichten geschrieben. Fußballreporter sprechen bei besonderen Leistungen gerne davon, dass es sich um Aktionen für die Geschichtsbücher handelt. Und etwas Wahres hat es: Diese Spieler und Klubs werden schließlich in zahlreichen Büchern erwähnt.

3 mal 3

Neun Minuten brauchte Mike Newell von den Blackburn Rovers 1995 für drei Tore gegen Rosenborg Trondheim. Es war der schnellste Hattrick der Champions League. 1995 war ohnehin das Jahr im Fußballerleben von Mike Newell: Im Sommer konnte er seine einzige englische Meisterschaft gewinnen.

Einmal Meister, aber zweimal Europapokalsieger

Nottingham Forest FC wurde in seiner Geschichte erst einmal englischer Fußballmeister: 1978. Dadurch war die Mannschaft an der Teilnahme zum Europapokal der Landesmeister, dem Vorgängerturnier der Champions League, berechtigt. Sie gewann den Pokal mit 1:0 gegen den schwedischen Malmö FF. Damit waren die Spieler von Nottingham auch im nächsten Jahr zur Europacup-Teilnahme berechtigt – obwohl sie nicht erneut englischer Meister wurden. Wieder konnten sie das Finale gewinnen, wieder durch ein 1:0, diesmal gegen den Hamburger SV. Somit ist Nottingham Forest FC der einzige Klub, der häufiger Europapokalsieger wurde als nationaler Meister.

Rekord

104 Spiele

Über drei Jahre lang schaffte es der rumänische Klub Steaua Bukarest in den 1980er-Jahren, nicht zu verlieren. Alle 104 Spiele der ersten rumänischen Liga gewann der Verein damals oder spielte unentschieden – europäischer Rekord!

Hymne der Champions League

Die offizielle Hymne der Champions League hat einen Text in drei Sprachen: Englisch, Französisch und Deutsch. Wenn sie auf dem Platz ertönt, bekommen die Spieler Gänsehaut. Wenn man den Text liest, klingt er allerdings ein bisschen merkwürdig.

Ce sont les meilleures equipes
Es sind die allerbesten Mannschaften
The main event

Die Meister
Die Besten
Les grandes equipes
The champions

Une grande reunion
Eine grosse sportliche Veranstaltung
The main event

Ils sont les meilleures
Sie sind die Besten
These are the champions
Die Meister

Die Besten
Les grandes equipes
The champions

Goldenes Tor

Beim Titelgewinn der deutschen Nationalmannschaft bei der EM 1996 gelang Oliver Bierhoff etwas, was kein Spieler zuvor geschafft hatte: Er schoss ein sogenanntes Golden Goal. Für kurze Zeit gab es die Regelung, dass in einer Verlängerung dasjenige Team gewinnen sollte, welches das erste Tor schießt. Bierhoff wurde im Finale gegen Tschechien eingewechselt und erzielte das goldene Tor – das Finale war beendet und Deutschland Europameister. Nach ein paar Jahren wurde die Regel wieder abgeschafft.

Jüngster Debütant

Youssoufa Moukoko hält viele Rekorde. So auch in der Champions League. Der Stürmer von Borussia Dortmund ist der jüngste Spieler, der jemals in der »Königsklasse« eingesetzt wurde. 2020 wurde er beim Spiel des BVB gegen Zenit St. Petersburg eingewechselt. Zu diesem Zeitpunkt war er genau 16 Jahre und 18 Tage alt. So jung wie kein Spieler zuvor!

Butt gegen Juve

Dass Torhüter selbst Tore erzielen, ist schon eine Seltenheit, gerade in der Champions League. Alle seine Tore gegen denselben Verein zu erzielen, ist aber besonders außergewöhnlich. Hans-Jörg Butt gelang das obendrein sogar mit drei verschiedenen Vereinen. Für den Hamburger SV, Bayer Leverkusen und den FC Bayern München traf er jeweils gegen Juventus Turin.

Die Jahrhundertelf

Sie haben Millionen Fans verzückt, den Fußball mit ihrem Stil geprägt, ihre Vereine zu den größten Erfolgen geschossen und alles gewonnen, was es im Fußball zu gewinnen gibt. Auf diesen Seiten finden sich die größten Fußballer aller Zeiten.

Die offizielle Jahrhundertelf

Das ist es, das beste Team des 20. Jahrhunderts. 1998 wurde es von 250 Sportjournalisten für die FIFA ausgewählt.

Franz Beckenbauer

Position: **Abwehr**
Nationalität: **Deutschland**
aktiv: **1964–1983**
Er gilt als bester deutscher Spieler aller Zeiten. Sein Spitzname: »Kaiser«.

Carlos Alberto Torres

Position: **Abwehr**
Nationalität: **Brasilien**
aktiv: **1963–1982**
Torres wurde 1970 mit Brasilien Weltmeister.

Lew Jaschin

Position: **Torwart**
Nationalität: **Sowjetunion** (heutiges Russland)
aktiv: **1950–1971**
Jaschin spielte zu Beginn seiner Karriere Fußball und Eishockey gleichzeitig.

Bobby More

Position: **Abwehr**
Nationalität: **England**
aktiv: **1958–1978**
More war Kapitän der englischen Weltmeistermannschaft von 1966.

Nílton Reis dos Santos

Position: **Abwehr**
Nationalität: **Brasilien**
aktiv: **1948–1964**
Er spielte sein Leben lang nur bei einem einzigen Verein: Botafogo FR aus Brasilien.

Johan Cruyff

Position: **Mittelfeld**
Nationalität: **Niederlande**
aktiv: **1964–1984**
Cruyff bestritt mit 17 Jahren sein erstes Spiel als Profi und schoss sofort ein Tor.

Alfredo Di Stéfano

Position: **Mittelfeld**
Nationalität: **Argentinien, Spanien**
aktiv: **1945–1966**
Er wurde in Spanien eingebürgert und spielte deshalb für zwei Nationalmannschaften.

Ferenc Puskás

Position: **Mittelfeld**
Nationalität: **Ungarn, Spanien**
aktiv: **1942–1966**
Puskás wurde in Spanien eingebürgert und spielte deshalb für zwei Nationalmannschaften.

Zu bestimmen, wer der beste Spieler oder die beste Spielerin ist, ist nicht ganz einfach. Man kann in der Statistik ablesen, wer die meisten Tore geschossen, die meisten Spiele oder die wichtigsten Titel gewonnen hat. Aber damit kann man nicht unbedingt die besten Spieler bestimmen. Dabei zählt häufig eher die Frage, wie trickreich ein Spieler spielen kann. Oder wie sehr er seiner Mannschaft zu Erfolgen verhilft. Aber auch wie beliebt er bei den Fans ist.

Mané Garrincha

Position: **Sturm**
Nationalität: **Brasilien**
aktiv: **1953–1972**
Er gehört zu den besten Spielern Brasiliens; das zweitgrößte Fußballstadion Brasiliens trägt seinen Namen.

Diego Maradona

Position: **Sturm**
Nationalität: **Argentinien**
aktiv: **1976–1997**
Maradona erzielte das berühmte Tor mit »der Hand Gottes«, als er bei der WM 1986 den Ball mit der Hand ins Tor beförderte.

Pelé

Position: **Sturm**
Nationalität: **Brasilien**
aktiv: **1956–1977**
Pelé wurde dreimal Weltmeister und soll insgesamt über 1 200 Tore geschossen haben.

Sie waren erfolgreich

Innerhalb der letzten 120 Jahre hat sich der Fußball extrem verändert. Er ist schneller geworden, technisch anspruchsvoller und die Mannschaften müssen viel mehr Spiele pro Saison bestreiten als früher. Aber eins prägt den Fußball heute wie früher: seine Stars. Diese Spieler und Spielerinnen hatten ihre große Zeit in den letzten 30 Jahren.

Lothar Matthäus

Er ist mit 150 Länderspielen der Rekordnationalspieler Deutschlands. Matthäus nahm an fünf Weltmeisterschaften teil.

Oliver Kahn

Kahn war bekannt für sein leidenschaftliches Spiel. 2002 wurde er als erster Torwart zum besten Spieler einer WM gewählt.

Birgit Prinz

Sie hat noch mehr Länderspiele für Deutschland bestritten als Lothar Matthäus. 214 Mal zog sie das Nationalmannschaftstrikot über – Rekord!

Zinédine Zidane

Er beendete seine herausragende Karriere mit einer Roten Karte im WM-Endspiel 2006, nachdem er seinem Gegenspieler einen Kopfstoß versetzt hatte.

David Beckham

Beckham war als langjähriger Mannschaftskapitän der englischen Nationalmannschaft für seine direkten Freistöße berühmt.

Die ganz Großen

Im Jahr 2007 ließ die FIFA alle Fußballerinnen und Fußballer der Welt zählen. Sie kam zu dem erstaunlichen Ergebnis, dass insgesamt 265 Millionen Menschen Fußball spielen. Mittlerweile dürften es noch ein paar mehr sein. Von der riesigen Mehrheit dieser Spieler gibt es nur ein einziges Trikot – nämlich ihr eigenes. Manche Trikots allerdings gibt es zu Tausenden. Sie werden von den Fans getragen, die ihre Idole und Stars verehren. Als James Rodriguez beispielsweise 2014 zu Real Madrid wechselte, wurden innerhalb von nur zwei Tagen 345 000 Stück seines Trikots mit der Nummer zehn verkauft. An der Zahl der Trikotverkäufe lässt sich gut erkennen, welcher Spieler ein Star ist.

Die weltbesten Spieler

Stars sind bekannt und beliebt, weil sie vor allem eines können: herausragend gut Fußball spielen. Und doch gibt es häufig fast so viele Gegner wie Anhänger eines Spielers. Das hängt damit zusammen, dass Fans anderer Klubs oft eifersüchtig sind – aber auch damit, dass sich große Spieler manchmal ein wenig arrogant und herablassend verhalten.

Neymar

Jahrgang: **1992**

Nationalität: **Brasilien**

Topklubs: **FC Barcelona, Paris St. Germain**

Der bekannteste und wohl beste Spieler der aktuellen brasilianischen Nationalmannschaft: Neymar ist im offensiven Mittelfeld und im Sturm zu Hause. Wegen seiner sicheren Dribblings und der spektakulären Tore verpflichtete ihn Paris St. Germain 2017.

Schießt mehr als ein Tor pro Spiel

Cristiano Ronaldo

Jahrgang: **1985**

Nationalität: **Portugal**

Topklubs: **Manchester United, Real Madrid, Juventus Turin**

Er ist sicherlich einer der weltbesten Spieler, mehr als 40 Tore pro Saison sind für ihn keine Seltenheit. Viele Fußballfans finden allerdings, dass er sich auf dem Platz überheblich und arrogant verhält.

Lionel Messi

Jahrgang: **1987**

Nationalität: **Argentinien**

Topklubs: **FC Barcelona**

Der Argentinier Lionel Messi wird in seiner Heimat als Nachfolger von Diego Maradona bezeichnet. Viele Fans finden sogar, dass er besser spielt als sein Vorbild. Als Profi hat er immer nur bei einem Verein gespielt: dem FC Barcelona.

Rekordtorschütze der 1. spanischen Liga

Fast in jedem zweiten Länderspiel ein Tor

Antoine Griezmann

Jahrgang: **1991**

Nationalität: **Frankreich**

Topklubs: **Atletico Madrid, FC Barcelona**

Antoine Griezmann wurde Torschützenkönig der Europameisterschaft 2016 und zum besten Spieler des Turniers gewählt.

Marta

Jahrgang: **1986**

Nationalität: **Brasilien**

Topklubs: **Umea IK, Western New York Flash**

Die Brasilianerin Marta gilt seit Jahren als beste Fußballerin der Welt. Seit über zehn Jahren ist sie immer unter den besten drei Spielerinnen des Jahres, die von der FIFA ausgezeichnet werden. Fünfmal gewann sie die Auszeichnung.

Robert Lewandowski

Jahrgang: **1988**

Nationalität: **Polen**

Topklubs: **Borussia Dortmund, FC Bayern München**

Robert Lewandowski gehört zu den besten Stürmern Europas. Außerdem hält er den Rekord für den schnellsten Fünferpack in der Geschichte der Bundesliga.

Die Trainer

José Mourinho

Umstritten, gefürchtet, gehasst – trägt seinen Spitznamen »The Special One« (»der ganz Spezielle«) zu Recht. Er gewann zweimal die Champions League, die Europa League und zahlreiche Meistertitel in verschiedenen Ländern.

Pep Guardiola

37 Jahre alt war Josep, genannt Pep, Guardiola, als er 2008 zum Trainer des FC Barcelona ernannt wurde. Sofort erreichte er etwas, das niemandem zuvor in Spanien gelungen war: Der FC Barcelona gewann alle sechs wichtigen Titel, darunter die Meisterschaft, den Pokal und die Champions League.

Jürgen Klopp

Obwohl Jürgen Klopp noch nicht viele Vereine betreut hat, ist er einer der bekanntesten deutschen Trainer. Nach dem FSV Mainz wurde er Übungsleiter bei Borussia Dortmund. Dort gewann er Meisterschaft und Pokal. Inzwischen trainiert Klopp den FC Liverpool in England.

Die deutschen Stars

Die meisten deutschen Spieler spielen in Deutschland. Aber natürlich gibt es auch viele ausländische Stars in der Bundesliga. Auf der anderen Seite verlassen aber auch immer wieder deutsche Nationalspieler ihr Heimatland, um anderswo Erfolge zu erzielen.

Deutsche Stars im Ausland

Eine Zeit lang schien es so, als ob deutsche Fußballer nur in Deutschland selbst begehrt wären. Zwar hatten Lothar Matthäus und Jürgen Klinsmann große Erfolge in Italien und England erzielt – danach gab es aber erst einmal kaum noch deutsche Stars, die ins Ausland zu Topklubs wechselten. Mittlerweile hat sich die Situation geändert: Immer wieder unterschreiben deutsche Spieler Verträge in den Topligen Europas. Unter ihnen Marc-André ter Stegen in Spanien oder Kai Havertz, Antonio Rüdiger und Ilkay Gündogan in England. Aber auch deutsche Trainer sind im Ausland gefragt. So wie beispielsweise Thomas Tuchel beim FC Chelsea. Auch Real Madrid, das schon traditionellerweise fast nur Superstars in seinen Reihen hat, verpflichtete in den letzten Jahren immer wieder deutsche Nationalspieler. Sami Khedira gewann mit Real die Champions League, Mesut Özil wurde mit dem Klub unter anderem spanischer Meister und nach der WM 2014 wechselte auch Toni Kroos zu den Königlichen, wie die Fans ihren Verein nennen.

Toni Kroos

Position: **Mittelfeld**

Jahrgang: **1990**

Verein: **Real Madrid**

Toni Kroos wechselte im Sommer 2014 vom FC Bayern München nach Madrid.

Fußballer des Jahres 2019

Marco Reus

Position: **Sturm**

Jahrgang: **1989**

Verein: **Borussia Dortmund**

Marco Reus kämpft immer wieder mit Verletzungen.

Manuel Neuer

Position: **Torwart**

Jahrgang: **1986**

Verein: **FC Bayern München**

Gilt als der beste Torhüter der Welt und gewann mit Deutschland die WM 2014.

Leroy Sané

Position: **Sturm**

Jahrgang: **1996**

Verein: **FC Bayern München**

Leroy Sané spielte die meiste Zeit seiner Jugend bei Schalke 04. Mit 20 Jahren wechselte er zunächst nach England, bevor er beim FC Bayern München unterschrieb.

Silbermedaille bei Olympia 2016

Serge Gnabry

Position: **Sturm**

Jahrgang: **1995**

Verein: **FC Bayern München**

Gnabry spielte außerdem schon beim FC Arsenal London, in Bremen und Hoffenheim .

Joshua Kimmich

Position: **Abwehr**

Jahrgang: **1995**

Verein: **FC Bayern München**

Er kann sowohl als rechter Verteidiger als auch im defensiven Mittelfeld spielen. So wie sein Vorgänger beim FC Bayern Philipp Lahm.

Timo Werner

Position: **Sturm**

Jahrgang: **1996**

Verein: **FC Chelsea**

Timo Werner spielte genauso wie Kimmich und Gnabry in der Jugend beim VfB Stuttgart.

Junge Talente

Alle großen Stars – von Pelé bis Thomas Müller – waren zu Beginn ihrer Karriere unbekannt. Viele ihrer Mitspieler von früher sind es auch heute noch, weil sie es nicht zum Fußballprofi geschafft haben. Diese jungen Spieler hier haben die besten Voraussetzungen dafür, berühmt zu werden. Ob sie es tatsächlich schaffen, kann nur die Zukunft zeigen.

Alphonso Davies

Position: **Abwehr**
Nationalität: **Kanada**
Jahrgang: **2000**
Verein: **FC Bayern München**
Wurde schon mit 18 Jahren zu Kanadas Fußballer des Jahres gekürt.

Sandro Tonali

Position: **Mittelfeld**
Nationalität: **Italien**
Jahrgang: **2000**
Verein: **AC Mailand**
Debütierte mit 19 Jahren für Italiens Nationalmannschaft.

Gianluigi Donnarumma

Position: **Torwart**
Nationalität: **Italien**
Jahrgang: **1999**
Verein: **Paris St. Germain**
Hat schon mit 17 Jahren sein erstes Länderspiel für Italien bestritten.

Matthijs de Ligt

Position: **Abwehr**
Nationalität: **Niederlande**
Jahrgang: **1999**
Verein: **Juventus Turin**
Jüngster Spieler, der jemals in einem Champions League Finale stand.

William Saliba

Position: **Abwehr**
Nationalität: **Frankreich**
Jahrgang: **2001**
Verein: **FC Arsenal London**
Gilt mit 30 Millionen Euro Ablöse als einer der teuersten Jugendspieler der Welt.

Jadon Sancho

Position: **Mittelfeld**
Nationalität: **England**
Jahrgang: **2000**
Verein: **Manchester United**
Ist der jüngste Spieler des BVB, der zwei Tore in einem Spiel erzielte.

Schon gewusst?

Nuri Şahin ist der Spieler, der im jüngsten Alter in der Bundesliga debütierte. Mit 16 Jahren stand er das erste Mal für Borussia Dortmund auf dem Platz.

Vinícius Júnior

Position: **Sturm**

Nationalität: **Brasilien**

Jahrgang: **2000**

Verein: **Real Madrid**

Wird von vielen Experten als Nachfolger von Neymar gesehen.

Sarpreet Singh

Position: **Mittelfeld**

Nationalität: **Neuseeland**

Jahrgang: **1999**

Verein: **FC Bayern München**

Ist der erste Neuseeländer, der vom FC Bayern verpflichtet wurde.

Erling Haaland

Position: **Sturm**

Nationalität: **Norwegen**

Jahrgang: **2000**

Verein: **Manchester City**

Erzielte in seinen ersten drei Champions League Spielen sechs Tore – Rekord!

Karim-David Adeyemi

Position: **Sturm**

Nationalität: **Deutschland**

Jahrgang: **2002**

Verein: **Borussia Dortmund**

Wurde vom DFB mit der goldenen Fritz-Walter-Medaille als bester Jugendspieler ausgezeichnet.

Marcus Thuram

Position: **Sturm**

Nationalität: **Frankreich**

Jahrgang: **1999**

Verein: **Borussia Mönchengladbach**

Ist der Sohn der französischen Abwehrlegende Lilian Thuram.

Die Trainer

Bundestrainer Hansi Flick gibt den Fußballern nicht nur Spielanweisungen, sondern steht ihnen auch sonst mit Rat und Tat zur Seite, wie hier Jamal Musiala.

Josep »Pep« Guardiola
wurde mit dem FC Barcelona als Spieler sechsmal spanischer Meister, als Trainer dreimal.

Im Mittelfeld? Oder doch ganz hinten in der Innenverteidigung? Oder als rechter Verteidiger? Joshua Kimmich hat schon auf vielen Positionen gespielt. Und das kann er auch. Er zieht im defensiven Mittelfeld die Fäden oder schlägt nach der Balleroberung als Rechtsverteidiger perfekte Flanken in den gegnerischen Strafraum. Allein entscheiden, wo er spielt, darf Joshua Kimmich allerdings nicht. In der Nationalmannschaft ist für diese Entscheidung Hansi Flick verantwortlich. Der Bundestrainer ist nicht nur für die Auswahl der Spieler und das Training zuständig, sondern auch für das taktische Spielsystem und die Auf-stel-lung der Teams. Diese Entscheidungen

Schon gewusst?

Wer als Trainer tätig sein will, braucht eine Ausbildung. Egal ob seine Mannschaft eine Jugendmannschaft ist, in der Kreisklasse oder in der Bundesliga spielt. Der Deutsche Fußball-Bund bietet fünf verschiedene Trainerlizenzen an. Mit der einfachen C-Lizenz darf man Jugend- und Amateurmannschaften trainieren. Danach folgen B-Lizenz, Elite-Jugend-Lizenz und A-Lizenz. Um einen Profiklub trainieren zu dürfen, braucht man die Ausbildung zum Fußball-Lehrer.

Silvia Neid
gewann als Bundestrainerin zweimal die EM und einmal die WM.

Ein Cheftrainer baut auf die Unterstützung seines Trainerteams, zum Beispiel bei Geschwindigkeitstests mit technischen Geräten.

Didier Dechamps
wurde als französischer Nationalspieler sowohl Europa- als auch Weltmeister. Im Jahr 2018 gewann er den WM-Pokal als Frankreichs Trainer.

beeinflussen dann auch, ob und auf welcher Position Joshua Kimmich auflaufen darf. So wie Flick müssen alle Trainer ihren Spielern im Training fußballerische Qualitäten vermitteln. Sie müssen dafür sorgen, dass die Mannschaft fit ist und den taktischen Plan umsetzt, den sich der Trainer vor dem Spiel überlegt hat. Aber ein Trainer wirkt auch während des Spiels auf seine Mannschaft ein. Er muss erkennen, ob er den richtigen Plan hatte, ob sich seine Spieler anders verhalten müssen oder ob er eine Auswechslung vornehmen muss.

Stars an der Seitenlinie

Sie stehen ständig im Rampenlicht der Medien und tragen eine große Verantwortung – kein Wunder, dass viele Trainer selbst Stars sind und von den Fans verehrt werden. Silvia Neid ist die wohl bekannteste Trainerin Deutschlands. Sie feierte nicht nur als Bundestrainerin viele Erfolge, sondern wurde auch schon als Spielerin deutsche Meisterin und dreimal Europameisterin. So wie Silvia Neid werden viele Stars nach ihrer aktiven Karriere selbst Trainer oder Trainerin im Fußball.

»Bankangestellte«

»Ich habe die Qual der Wahl!« Diesen Satz sagen Trainer besonders gern. Er bedeutet nämlich, dass sie beim anstehenden Spiel alle Spieler einsetzen können, dass niemand verletzt oder wegen eines Platzverweises aus einem vorherigen Spiel gesperrt ist. So hat der Trainer nur noch »die Qual« zu entscheiden, welchen Spieler er auf die Auswechselbank setzt und wer spielen darf. In der Regel stehen einem Fußballtrainer selten alle Spieler seines Kaders zur Verfügung. Eigentlich ist immer irgendein Spieler verletzt. Andere sind vielleicht gesperrt, weil sie in den Spielen zuvor Gelbe oder Rote Karten gesehen haben. Und wieder andere spielen in manchen Phasen der Saison mit ihren Nationalmannschaften.

Hinter den Kulissen

Millionen Fans verfolgten den Poker um den Wechsel von Neymar nach Paris. Lange Zeit war nicht klar, ob der Spieler tatsächlich in Frankreich unterschreiben würde. Umso größer war die Freude der Fans, als er sich das erste Mal im Stadion präsentierte.

Manager, Berater, Agenten – sie alle mischen mit, wenn Fußballer den Verein wechseln. Oft werden sie deshalb als Strippenzieher bezeichnet – ähnlich wie die Puppenspieler, die Marionetten an Fäden führen. Ganz so willenlos wie Marionetten in einem Puppenstück sind die Kicker zwar nicht. Trotzdem kann ein Spieler nicht einfach zu dem Verein wechseln, für den er gerne spielen würde. Schließlich entscheiden die Klubs, wen sie in ihre Mannschaft aufnehmen. Vereine wollen vor allem die besten Spieler und Spielerinnen verpflichten. Und bei den Kickern sind in Bezug auf die Vereinswahl ihre persönliche sportliche Perspektive und nicht zuletzt das Geld entscheidend, das sie bei einem Verein verdienen können.

Agenten in geheimer Mission

Sie sind immer dabei, treffen in der Regel die Entscheidungen und sind dennoch kaum zu sehen: Spielervermittler. Fast jeder Profi lässt sich von einem Spielervermittler vertreten, wenn es um Vereinswechsel, den Inhalt von Verträgen und das Gehalt geht. Dabei bleiben diese Agenten meistens im Hintergrund, damit die Details eines Wechsels nicht vorab bekannt werden und sie in Ruhe mit den Vereinen verhandeln können. Spielervermittler kann prinzipiell jeder werden. Früher brauchte man dazu eine spezielle Lizenz, für die man sich bei der FIFA bewerben musste. Heute reicht es, sich dort anzumelden. Schwieriger ist es, sich das Vertrauen der Stars zu erarbeiten, um sie vertreten zu dürfen.

Rekord

222 Mio. €

zahlte Paris Saint-Germain 2017 an den FC Barcelona, um den Superstar Neymar zu verpflichten.

Kai Havertz ist mit rund 80 Millionen Euro der teuerste deutsche Spielertransfer.

Die Verwalter der Geldkoffer

Der brasilianische Verteidiger Dante und der polnische Stürmer Robert Lewandowski – beide sind sie Weltstars und beide hätten sie fast bei der TSG Hoffenheim anstatt dem FC Bayern gespielt. Dass es nicht so kam, lag an der falschen Einschätzung von Jan Schindelmeiser. Dante und Lewandowski wurden ihm als Spieler angeboten, als er Manager in Hoffenheim war. Bei den Vereinen entscheiden Manager, manchmal gemeinsam mit den sogenannten Sportdirektoren oder dem Vorstand des Vereins, welche Spieler verpflichtet werden und welche nicht. Schindelmeiser war sich nicht sicher, ob Dante und Lewandowski gut genug für die Bundesliga sein würden, und verpflichtete sie nicht. Ein Fehler, den er später bereute.

Viel Geld für Spieler

Während der Trainer eines Vereins für den sportlichen Erfolg der Mannschaft zuständig ist, sind die Manager dafür verantwortlich, dass der Verein als Wirtschaftsunternehmen funktioniert. Schließlich wird im Profifußball immer mehr Geld verdient, aber auch immer mehr für Spielerverpflichtungen ausgegeben.

Dabei liegen die Vereine in Spanien und England seit vielen Jahren an der Spitze. Die Manager der Klubs in der ersten englischen Liga, der Premier League, investierten beispielsweise im Sommer 2021 zusammen knapp 1,67 Milliarden Euro. Eine unglaublich hohe Summe.

Immer wieder kommt es unter Fans und Verantwortlichen des Fußballs zu Diskussionen, ob man sich die Dienste eines Fußballspielers kaufen darf. »Ich fühle mich wie beim modernen Menschenhandel«, gab der Nationalspieler Christoph Kramer zu, als es darum ging, ob er in Mönchengladbach oder Leverkusen spielen sollte. Kramer hatte die Befürchtung, nicht er dürfe wählen, welches Trikot er zukünftig anziehen solle, sondern dass ausschließlich die Manager der Vereine entscheiden würden. Natürlich haben die Spieler immer ein Mitspracherecht und von Menschenhandel kann sicher keine Rede sein. Auch über die Höhe der Summen, die Vereine manchmal für die Ablöse eines Spielers zahlen, wird häufig diskutiert. Viele Fans fragen sich zum Beispiel, ob es gerechtfertigt war, dass Paris Saint-Germain im Jahr 2017 222 Millionen Euro für die Verpflichtung von Neymar bezahlte.

Der Spielervermittler Wagner Ribeiro organisierte den Rekordtransfer von Neymar. Dabei musster er sicherlich viele Telefonate zwischen Barcelona und Paris führen.

Angeberwissen

- Europäische Vereine dürfen nur zweimal im Jahr – ein paar Wochen lang im Winter, ein paar Wochen lang im Sommer – Spieler von anderen Vereinen kaufen.
- Müssen Vereine keine Ablösesumme bezahlen, weil der Vertrag eines Spielers ausgelaufen ist, kassieren Spieler und Berater häufig ein sogenanntes Handgeld als Anreiz zu wechseln.
- Spieler können während eines laufenden Vertrags auch an einen anderen Verein verliehen werden.

Arbeitgeber Fußball

Stadionsprecher

Henrik Hanses sorgt bei Heimspielen in Hannover für Stimmung im Stadion.

Ordner

Tausende Ordner sorgen jedes Wochenende dafür, dass sich alle Zuschauer in den Bundesligastadien sicher fühlen können.

Samstag, 11 Uhr. Noch viereinhalb Stunden bis zum Anpfiff der Bundesligapartien. In Hannover kommt Henrik Hanses am Stadion an. Gemeinsam mit seinem Kollegen wird er auch heute beim Heimspiel von Hannover 96 als Stadionsprecher arbeiten. Eine Stunde vor Anpfiff beginnt das Programm, mit dem er die Fans begrüßt. Außerdem gibt es Interviews, die Aufstellung der Mannschaften, Gewinnspiele und viel Musik. Bei einem Stadionbesuch geht es schon lange nicht mehr nur um Fußball. Die Zuschauer sollen unterhalten werden und wichtige Infos zum Spiel und ihrem Verein bekommen. Damit bei dieser Show alles reibungslos funktioniert, arbeiten neben Henrik Hanses noch eine Menge andere Menschen für das Programm. Es gibt Kameramänner und -frauen, Tonexperten, Grafiker und einen Regisseur.

Der Fußball wird präsentiert

Bis zu 49 000 Zuschauer begrüßen Henrik Hanses und sein Kollege zu jedem Bundesligaheimspiel in Hannover. Der Profifußball sorgt für sehr großes Interesse bei den Fans. Dazu kommt die Übertragung im Fernsehen und im Radio sowie die Berichterstattung in Zeitungen und dem Internet. So viel Aufmerksamkeit bei so vielen Menschen wollen sich auch viele Unternehmen zunutze machen, die mit dem Fußball direkt gar nichts zu tun haben. Die Fußballspiele nutzen sie als Gelegenheit, Werbung zu machen. Deshalb prangt zum Beispiel auf den Trikots der Spieler das Logo des Hauptsponsors. Deshalb gibt es Gewinnspiele und Spielaktionen für die Fans. Und deshalb werden Eckbälle und Auswechslungen auf der Leinwand im Stadion von Unternehmen präsentiert.

Sonnenstudio im Stadion

Spezielle Tageslichtlampen sorgen dafür, dass der Rasen optimal wachsen kann.

Das Team hinter dem Team

Der Manager
organisiert als Chef das Team hinter dem Team.

Nationalmannschaft
Bei Länderspielen und großen Turnieren wird die Nationalmannschaft in allen Bereichen rundum versorgt.

Die Trainer
betreuen die Mannschaft auf dem Trainingsplatz und während des Spiels.

Die Scouts
versorgen die Trainer mit Informationen über die nächsten Gegner.

Organisatoren
kümmern sich um die Hotels, Flüge und alles Weitere auf den Reisen.

Der Fahrdienst
bringt die Spieler und das Team vom Hotel zum Flughafen oder ins Stadion.

Bodyguards
sorgen auf den Reisen für die Sicherheit des ganzen Teams.

Die Zeugwarte
putzen die Schuhe und waschen die Kleidung der Spieler.

Pressesprecher
versorgen die Journalisten mit Informationen rund um die Mannschaft.

Das TV-Team
dreht kleine Werbe- und Infofilme mit den Nationalspielern.

Der Psychologe
betreut die Spieler, wenn sie persönliche Probleme haben.

Die Mediziner
versorgen Verletzungen oder kümmern sich darum, dass sich die Spieler erholen.

Organisation, Sicherheit, Pflege

Es gibt neben der Stadionshow und der Betreuung der Werbepartner noch viele andere Bereiche, in denen die Angestellten der Bundesligaklubs arbeiten. In den Geschäftsstellen kümmert man sich zum Beispiel um die Organisation von Auswärtsfahrten der Mannschaft, Fanfeste oder den Verkauf der Eintrittskarten. An den Spieltagen sorgen Ordner gemeinsam mit der Polizei für Sicherheit im Stadion. Würstchen- und Getränkestände rund um das Stadion müssen besetzt werden. Ein ganzes Team an Gärtnern sorgt dafür, dass der Rasen des Stadions optimal gepflegt ist. Mediziner kümmern sich um die kleinen und großen Wehwehchen der Stars. Und Spitzenköche sorgen für die Verpflegung der Spieler.

Unglaublich!

Insgesamt arbeiten fast 50 000 Menschen für die Profivereine der Bundesliga und der zweiten Bundesliga. Das sind ungefähr so viele Menschen, wie Passau Einwohner hat.

Bei Abpfiff Nudeln!

Eigentlich steht Anton Schmaus im eigenen Restaurant an hochmodernen Küchengeräten. Er kocht auf Spitzenniveau und wurde unter anderem mit einem Stern ausgezeichnet. Doch jedes Mal wenn Oliver Bierhoff, der Manager der Nationalmannschaft, ihn anruft, muss Anton Schmaus die Luxusküche verlassen. Dann nämlich soll er wieder die deutsche Mannschaft auf ihren Länderspielreisen versorgen. Zwar gibt es in den Trainingscamps meistens sehr gut ausgestattete Küchen. Schmaus baut bei Spielen aber auch immer einen Campingkocher in der Kabine auf. Und dann gibt es für die Spieler direkt nach dem Spiel frische Pasta. »Das ist wichtig, damit die Jungs sofort wieder Energie bekommen«, erzählt der Spitzenkoch.

Eigentlich im Sternerestaurant am Herd, bekocht er jetzt die Spieler der deutschen Nationalmannschaft: Anton Schmaus.

Nach jedem Spiel werden Spieler ausgelost, die zur Dopingkontrolle gehen müssen.

Schattenseiten

Robert Hoyzer sorgte unter anderem mit einer Roten Karte dafür, dass der Hamburger SV sein Pokalspiel 2004 gegen Paderborn verlor.

Schon gewusst?

Der größte Wettskandal im deutschen Fußball hängt mit dem Namen Robert Hoyzer zusammen. Der ehemalige Schiedsrichter war von zwei Brüdern angeheuert worden, Spiele der 2. Bundesliga und des DFB-Pokals zu manipulieren. Er bekam Geld dafür, Entscheidungen zu treffen, auf die die Brüder im Vorfeld gewettet hatten. 2005 wurde Hoyzer deshalb zu einer Gefängnisstrafe verurteilt.

Der Fußball steht für packende Sportduelle, schillernde Stars und große Emotionen bei den Fans. Mit ihm lässt sich aber auch eine Menge Geld verdienen. Er ist zu einem wichtigen Wirtschaftsfaktor geworden. Von ihm wollen viele Unternehmen profitieren. Aber dort, wo es ehrliche Geschäftsleute und legale Geschäfte gibt, tauchen irgendwann auch Verbrecher und illegale Machenschaften auf. Das betrifft leider auch manche Bereiche des Fußballs.

Wetten weltweit

Beim Fußball geht es nicht nur um das Spiel auf dem Rasen, Fußball kann auch ein Glücksspiel sein. Viele Menschen wetten auf den Ausgang von Spielen. Dabei setzt man Geld bei einem Wettanbieter, ursprünglich entweder in einem Wettbüro oder einem Kiosk. Mittlerweile werden die meisten Wetten allerdings im Internet und über Smartphones abgegeben. Für die ganz normalen Fans sind diese Wetten tatsächlich ein Glücksspiel: Schließlich wissen sie im Vorfeld nicht, wie ein Spiel ausgehen wird. Immer wieder kommt es allerdings zu Spielmanipulationen. Die Manipulatoren bestechen einen oder mehrere Spieler eines Teams, sodass diese zum Beispiel absichtlich verlieren. Oder sie bieten dem Schiedsrichter Geld an, damit er in ihrem Sinne pfeift. Auf das gewünschte Ergebnis wetten die Verbrecher im Vorfeld der Partie und haben so einen sicheren Gewinn. Durch die Wettangebote im Internet sind die Verlockungen für Betrüger sogar noch größer geworden. Hier kann man nämlich nicht nur auf das Spielergebnis, sondern beispielsweise auch auf die erste Gelbe Karte oder den ersten Eckball wetten. Diese Ereignisse sind natürlich noch viel einfacher zu manipulieren als das komplette Ergebnis. Wenn ein Spieler den Ball absichtlich ins Aus spielt oder eine Gelbe Karte kassiert, fällt das außerdem nicht so leicht auf.

Sauberer Fußball?

Beim Schwimmen ist es passiert. Beim Radfahren und in der Leichtathletik auch. Beim Wintersport und beim Boxen. In all diesen und vielen anderen Leistungssportarten gab es und gibt es immer wieder Fälle, bei denen Doping aufgedeckt wird. Das bedeutet, manche Sportlerinnen und Sportler nehmen Medikamente, um ihre Leistung zu steigern, härter zu trainieren oder sich nach Wettkämpfen besser erholen zu können. Nicht alle, aber viele dieser Medikamente, Dopingmittel genannt, sind verboten. Sie können den Sportlern schaden und sie ein Leben lang krank machen. Außerdem ist es im Wettkampf natürlich den anderen Sportlern gegenüber unfair, die nicht gedopt sind. Strenge Kontrollen im Training und rund um die Turniere und Spiele der Athleten sorgen also immer wieder dafür, dass gedopte Sportler entdeckt werden. Nur im Profifußball hat es in den letzten Jahrzehnten fast keine bedeutenden Dopingfälle gegeben. Das stimmt viele Menschen misstrauisch, die sich fragen, ob Fußballer nicht streng genug kontrolliert werden. Fußballfunktionäre wie der ehemalige Manager des VfB Stuttgart, Robin Dutt, behaupten hingegen, es gäbe einfach kein Doping im Fußball: »Die sportlichen Anforderungen an Fußballer sind so unterschiedlich, da macht es keinen Sinn zu dopen.«

Sportverletzungen

Beim Fußball besteht immer die Gefahr, sich zu verletzen. Das ist nicht nur gefährlich und schmerzhaft für die Spielerinnen und Spieler. Schlimme Verletzungen können auch ihre Karriere bedrohen. Schließlich beruht ihr Erfolg nur auf ihrem Körper. Und wenn der nicht mehr funktioniert, können sie ihrem Beruf nicht mehr nachgehen. Bei schweren Verletzungen, wie zum Beispiel einem Riss des Kreuzbands im Knie, arbeiten die Profis oft monatelang nach ihrer Operation in Rehazentren und Fitnessstudios. Dort bauen sie verlorene Muskelmasse auf und schuften für ihre Rückkehr auf den Platz.

Sebastian Rode musste schon oft auf dem Feld von Betreuern verarztet werden. Immer wieder zieht er sich Verletzungen zu.

Wenn die Verletzung so schlimm ist, dass die Spieler nicht mehr selbst vom Platz gehen können, kommen die Sanitäter mit ihrer Trage zum Einsatz.

Wo der Fußball wohnt

Abends, kurz vor Anpfiff eines späten Spiels, macht es am meisten Spaß, zum Stadion zu laufen. Dann sieht man von Weitem schon die Flutlichter strahlen. Dann kann man die unglaubliche Geräuschkulisse der Fans hören. Mit jedem Ordner, dem man seine Eintrittskarte zeigen muss, steigt die Vorfreude auf das Spiel. Mit jedem Schritt in Richtung des eigenen Platzes ist die Stimmung aus dem Stadion besser zu vernehmen. Wenn man dann kurz vor Anpfiff die letzten Stufen aus dem Außenbereich ins Innere der Arena geht, empfängt einen eine laute und bunte Wand aus Fans. Spätestens dann weiß jeder Fußballfan: Hier im Stadion, wo der Fußball wohnt, ist auch mein Zuhause.

Allianz Arena

In der Allianz Arena, die ein reines Fußballstadion ist, können über 70 000 Zuschauer die Heimspiele vom FC Bayern München erleben.

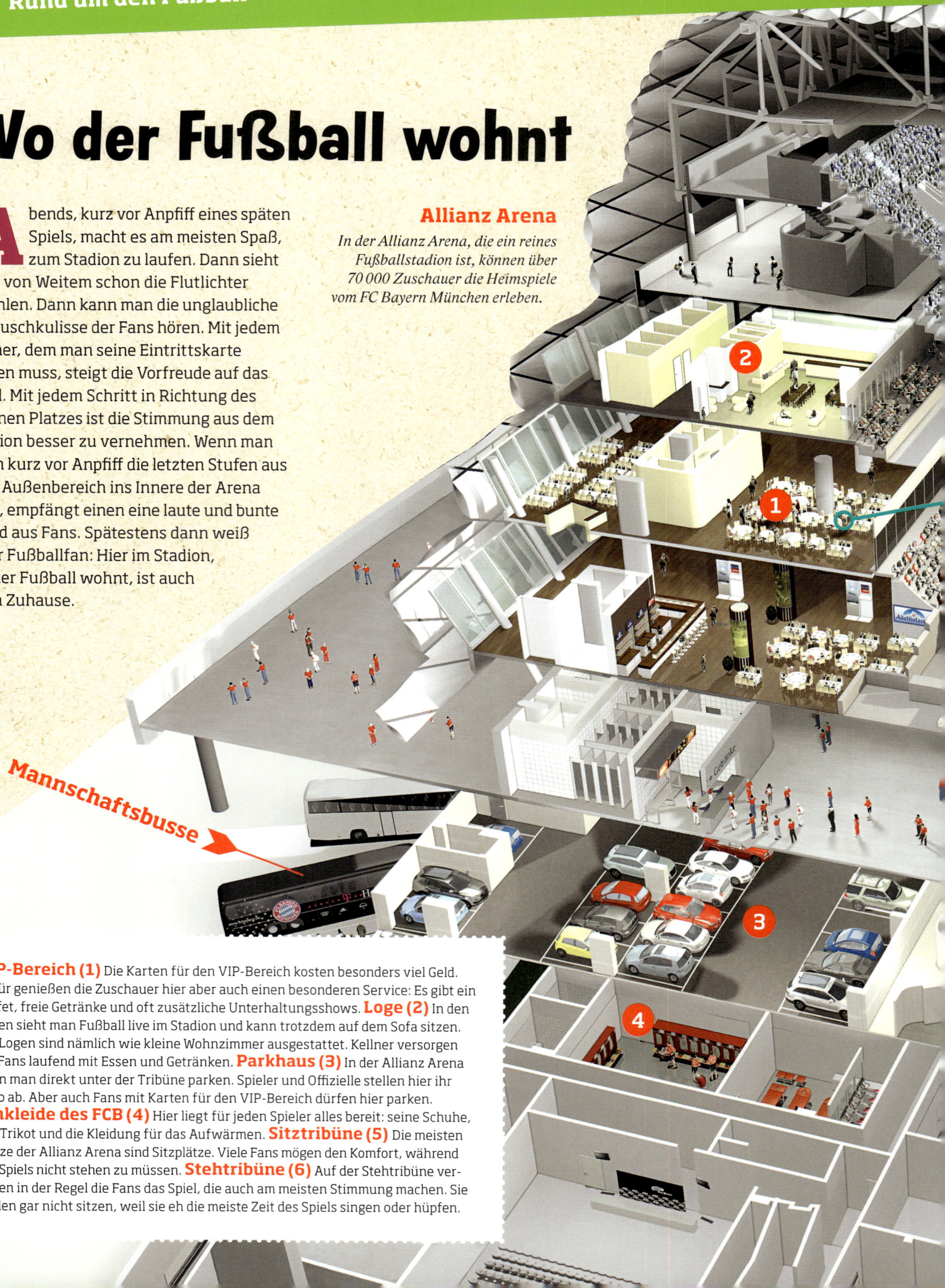

VIP-Bereich (1) Die Karten für den VIP-Bereich kosten besonders viel Geld. Dafür genießen die Zuschauer hier aber auch einen besonderen Service: Es gibt ein Buffet, freie Getränke und oft zusätzliche Unterhaltungsshows. **Loge (2)** In den Logen sieht man Fußball live im Stadion und kann trotzdem auf dem Sofa sitzen. Die Logen sind nämlich wie kleine Wohnzimmer ausgestattet. Kellner versorgen die Fans laufend mit Essen und Getränken. **Parkhaus (3)** In der Allianz Arena kann man direkt unter der Tribüne parken. Spieler und Offizielle stellen hier ihr Auto ab. Aber auch Fans mit Karten für den VIP-Bereich dürfen hier parken. **Umkleide des FCB (4)** Hier liegt für jeden Spieler alles bereit: seine Schuhe, das Trikot und die Kleidung für das Aufwärmen. **Sitztribüne (5)** Die meisten Plätze der Allianz Arena sind Sitzplätze. Viele Fans mögen den Komfort, während des Spiels nicht stehen zu müssen. **Stehtribüne (6)** Auf der Stehtribüne verfolgen in der Regel die Fans das Spiel, die auch am meisten Stimmung machen. Sie wollen gar nicht sitzen, weil sie eh die meiste Zeit des Spiels singen oder hüpfen.

VIP-Bereich

Im VIP-Bereich bekommen spezielle Gäste Essen serviert und können das Spiel dann aus einer eigenen Loge verfolgen. Eine VIP-Loge für jedes Heimspiel einer kompletten Bundesligasaison zu mieten, kann zwischen 20 000 und 80 000 Euro kosten.

Pressetribüne

Hier sitzen die Journalisten und Reporter, die von den Spielen für Zeitungen, das Radio und Fernsehen oder im Internet berichten. Die Plätze für Journalisten sind wie in einem einfachen Büro ausgestattet: Es gibt einen Schreibtisch und Strom- und Internetanschlüsse für Laptops.

Heimstark

Eigentlich liegt es auf der Hand: Die Mannschaft, die ein Heimspiel austrägt, muss dabei einen Vorteil haben. Die Spieler kennen sich aus, wissen, wo die eigene Kabine liegt, wie sich der Rasen anfühlt und wie groß der Platz ist. Und sie haben in der Regel deutlich mehr Fans auf ihrer Seite als ihr Gegner. Das erhöht aber auch den Druck auf die Spieler und kann die Mannschaft hemmen.

Beton und Stahl und ganz viel Emotionen

Jeder Spieler und jeder Fan kann es wahrscheinlich nennen: das Fußballstadion, das er am liebsten hat. Vielleicht, weil dort die meisten Spiele gewonnen wurden, die Atmosphäre außergewöhnlich gut oder die Stadionwurst besonders lecker war. Auch wenn es beim Thema »Lieblingsstadion« viele verschiedene Meinungen gibt – einige Stadien können mit Fug und Recht als Fußballtempel bezeichnet werden.

150 000 Zuschauer

passten ins Stadion Erster Mai in Pjöngjang bis zu seiner Renovierung.

Das Größte

Seit der Wiedereröffnung im Jahr 2014 fasst das Stadion in Nordkorea angeblich nur noch 100 000 Menschen. Es gilt als das größte Fußballstadion der Welt; allerdings finden hier nur äußerst selten Spiele statt. Das größte Stadion, in dem eine Vereinsmannschaft ihre Heimspiele austrägt, ist das Camp Nou in Barcelona. Über 99 000 Zuschauer jubeln hier den Stars des FC Barcelona zu.

Das Maracanã liegt mitten in der Millionenstadt Rio de Janeiro. Kein Problem – fast alle Brasilianer sind fußballbegeistert.

Hier wurden wir 2014 Weltmeister!

Zuschauerrekord

Die höchste Zuschauerzahl, die jemals bei einem Fußballspiel gezählt wurde, liegt bei fast 200 000. So viele Fans sollen sich das Finale der Weltmeisterschaft 1950 live im Stadion angesehen haben. Es fand im Maracanã-Stadion im brasilianischen Rio de Janeiro statt. Brasilien unterlag in einem dramatischen Spiel Uruguay mit 1:2. Kurz vor der Weltmeisterschaft 2014 wurde das Stadion zuletzt umgebaut. So konnten immerhin noch 73 500 Zuschauer zusehen, wie die deutsche Nationalmannschaft 2014 hier den WM-Titel holte.

Der fliegende Drache

Es ist wahrscheinlich das umweltfreundlichste Stadion der Welt: das Nationalstadion Kaohsiung in Taiwan. Sein blaues, kreisförmiges Außendach hat ihm den Spitznamen »long teng«, auf Deutsch »fliegender Drache«, eingebracht. Diese Bauart soll Spieler und Zuschauer nicht nur vor Sonne und Wind schützen, sondern vor allem Strom erzeugen. Auf dem Dach sind unzählige Solarzellen angebracht, die das komplette Stadion mit Strom versorgen.

3 637 Meter
über dem Meeresspiegel

Dünne Luft

Schwierigkeiten beim Atmen, Schwindelanfälle und eine eingeschränkte Leistungsfähigkeit – zu all diesen Symptomen kann es kommen, wenn man in extremer Höhe Sport treiben muss, ohne es gewohnt zu sein. 3 637 Meter über dem Meeresspiegel liegt das Estadio Hernando Siles in der bolivianischen Hauptstadt La Paz. Es gilt als eines der höchstgelegenen Stadien der Welt. Auswärtsmannschaften, die hier spielen müssen, haben oft mit den schwierigen Bedingungen zu kämpfen.

2004 wurden hier zwei Spiele der Europameisterschaft ausgetragen.

In Stein gemeißelt

Einen wirklich einmaligen Anblick erwartet Stadionbesucher im portugiesischen Braga. Das Estádio Municipal de Braga ist in eine Felswand eingeschlagen. Zwischen Haupttribüne und Gegengerade sind 80 Stahlseile gespannt, die die beiden Dächer zusammenhalten. Hinter einem Tor schaut man in ein Waldstück, hinter dem anderen türmt sich direkt der Berg auf.

Mythos Wembley

In London, der Hauptstadt Großbritanniens, steht eines der berühmtesten Stadien der Welt: das Wembley-Stadion. Hier fanden viele und bedeutende Spiele statt. So zum Beispiel auch das Finale der Weltmeisterschaft 1966 zwischen England und Deutschland. 2007 wurde das Stadion nach einem Umbau neu eröffnet; seitdem erkennt man es an dem riesigen Rundbogen, der sich über das Spielfeld zieht. Der Bogen kann auch beleuchtet werden und strahlt dann über die ganze Stadt.

Fußball – mal anders

Fußball wird meist so gespielt, wie wir alle ihn kennen und lieben: Elf gegen elf, auf zwei Tore, auf einem Rasenspielfeld. Aber darüber hinaus gibt es viele verschiedene Arten des Fußballs. Sie sind künstlerisch, technisch oder spektakulär. Aber vor allem sind sie Eins: ganz schön besonders.

Beachsoccer ist immer spektakulär. Schließlich müssen die Spieler den Ball so oft es geht in der Luft spielen.

Beachsoccer

Weil die Spiele auf Sand stattfinden, kann der Ball nicht gut flach gespielt werden – und es wird barfuß gespielt. Dribbeln funktioniert fast überhaupt nicht. Deshalb wird der Ball häufig hoch gespielt, sodass Kopfbälle, Seit- und Fallrückzieher an der Tagesordnung sind. Bei Freistößen dürfen sich die Spieler kleine Sandhügel bauen, auf denen der Ball liegt. Beachsoccer ist vor allem in Brasilien populär. Auch viele Fußballstars haben ihre Karriere am Strand ausklingen lassen: Beispielsweise die Brasilianer Romário und Zico oder Éric Cantona aus Frankreich.

Funny Fact

Kicken am Ostseestrand

Die deutsche »Beachsoccer-Hauptstadt« ist Rostock-Warnemünde. Hier findet jedes Jahr am Strand der Ostsee traditionellerweise das Turnier um die deutsche Meisterschaft statt.

Tischfußball

Der Tischfußball oder Kicker ist bei Jung und Alt beliebt. An langen Stangen lassen sich immer mehrere Figuren eines Teams gemeinsam bewegen. In der Regel spielen jeweils zwei Kontrahenten gegeneinander: Ein Spieler übernimmt die Abwehrreihen, der andere den Sturm. Das Ziel ist dasselbe wie auf dem Platz: Das Runde muss ins Eckige!

Manche Tischfußballfiguren sind sogar in den Farben echter Vereinsmannschaften angemalt.

RoboCup

Beim RoboCup treten Wissenschaftlerteams aus verschiedenen Ländern mit ihren Robotern gegeneinander an. In verschiedenen Klassen treten kleinere und größere künstliche Spieler an. Die Regeln sind denen des menschlichen Fußballs sehr ähnlich. Diese beiden Roboter sind nicht ferngesteuert und treffen ihre Entscheidungen während des Spiels selbstständig.

Tipp-Kick

Seit Jahrzehnten wird so in Kinderzimmern Fußball gespielt: Beim Tipp-Kick drückt man den Spielfiguren auf den Kopf. Dadurch bewegt sich ihr Bein und sie schießen den Ball nach vorn. Klassischerweise spielt jeder Spieler mit zwei Figuren: einem Feldspieler und einem Torwart.

So sieht ein Tipp-Kick-Nationalspieler aus.

Motoball

Beim Motoball sitzen die Spieler auf speziellen Motorrädern und versuchen, einen besonders robusten und etwas größeren Ball in das gegnerische Tor zu befördern. Dazu klemmen sie ihn zwischen Bein und Maschine oder schießen ihn zu einem Mitspieler. Gespielt wird auf einem normalen Fußballfeld, auch die Tore sind gleich. Nur die Torhüter sitzen nicht auf einem Motorrad. Einen Helm tragen sie zum Schutz aber auch.

Auf dem Platz

Im Sommer, wenn es drei Wochen lang heiß war und nicht geregnet hat, läuft Fathi bei Spielen seiner C-Jugendmannschaft aus Essen oft nicht nur vor den gegnerischen Verteidigern davon. Fathi spielt auf einem Platz mit rotbrauner Asche. Wenn sich an heißen Sommertagen der Wind zwischen den Trainerbänken und der alten Tribüne sammelt, entstehen häufig kleine Windhosen aus Asche, die über den Platz ziehen. Und dann müssen Fathi und seine Kumpel besonders schnell sein, um nicht von einem dieser Minitornados erwischt zu werden. »Sonst bekommst du 'ne Staublunge«, sagt Fathi. »Und dann kriegst du erst mal gar keine Luft mehr.« Lea ist auf dem Fußballplatz noch nie vor einer Aschewolke davongelaufen. Sie spielt zwar auch in der C-Jugend und nicht in der Bundesliga. Trotzdem finden ihre Spiele nur auf Rasenplätzen statt. Lea kommt aus Kiel; hier oben im Norden Deutschlands gibt es so gut wie keine Ascheplätze. Probleme mit dem Platz bekommt Lea manchmal trotzdem: »Wenn das Spielfeld frisch gemäht ist, bekomme ich schon mal

Asche

Zu trocken!

Zu nass!

Aschewolke (oben): Dieser Sturm ist nicht nur für die gegnerischen Verteidiger gefährlich. Wenn es heftig regnet, verwandelt sich der Ascheplatz in ein Matschfeld.

Kunstrasen

Ein professioneller Kunstrasen besteht aus vielen verschiedenen Schichten. Das sorgt für eine Mischung aus Standfestigkeit und Elastizität.

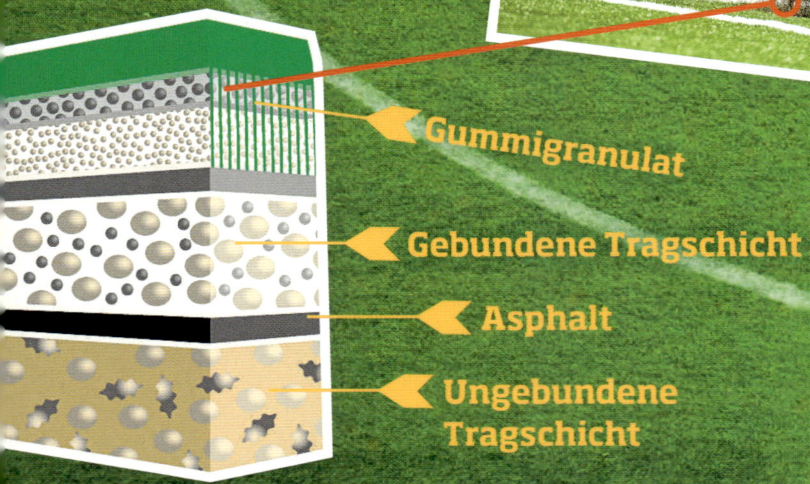

Streifen

Das typische Streifenmuster entsteht durch die Gärtner, die mit ihren Traktoren Bahnen fahren, um den Rasen zu stutzen. Dabei legen sich die Halme mal in die eine und in die andere Richtung.

Rasen

Heuschnupfenanfälle.« Aber deswegen auf Fußball verzichten – das wollen weder Fathi noch Lea.

Welcher Grund und Boden?

Dass es rund um Essen im Ruhrgebiet so viele Ascheplätze gibt, liegt daran, dass dort so viele Menschen leben – und Fußball spielen. Deshalb braucht man hier auf relativ kleinem Raum relativ viele Fußballplätze. Dafür ist Asche die günstigste Variante und außerdem leicht zu pflegen. Viel angenehmer und schöner lässt es sich auf Rasen spielen. Der Ball kann besser und ruhiger rollen und wenn man hinfällt, landet man weich. Allerdings müssen Rasenplätze regelmäßig bewässert und gemäht werden. Sonst wird aus dem schönsten grünen Teppich eine Steppe.

In den letzten Jahren wird immer öfter ein neuer Belag für die Plätze gewählt: der Kunstrasen. Es ist allerdings teurer, einen Kunstrasen zu verlegen, als einen Ascheplatz anzulegen. Pflegen kann man ihn aber einfacher als einen echten Rasen. Die Spieler haben eine gespaltene Meinung zum Kunstrasen. Natürlich lässt es sich darauf besser und technisch schöner spielen. Allerdings fehlt es manchen Kickern am echten Gefühl bei einem Fußballspiel mit dem Geruch nach Rasen und mit grünen Streifen auf der Hose nach einer Grätsche.

Bei offiziellen Spielen der FIFA muss der Rasen eine exakte Höhe von 28 mm haben.

Zentimeter für Zentimeter

Fußballvereine können ihre Plätze nicht einfach so anlegen, wie sie es gerne hätten. Um am offiziellen Spielbetrieb teilnehmen zu dürfen, muss das Spielfeld bestimmte Bedingungen erfüllen. Es muss zwischen 90 und 120 Meter lang und 45 bis 90 Meter breit sein. Kunstrasen muss eine grüne Farbe haben. Naturrasen darf bei internationalen Spielen höchstens 30 mm hoch sein. Im Amateurfußball und vor allem bei Jugendspielen gelten allerdings nicht so strenge Regeln. Jugendmannschaften spielen bis zu einem gewissen Alter auf einem kleineren Spielfeld.

Vom Stollen bis zum Handschuh

Michael Ballack beim Torjubel im Trikot von Bayer Leverkusen. Dafür wird er mit der Gelben Karte verwarnt.

Pierre-Emerick Aubameyang trägt gern Baseballkappen, Bastian Schweinsteiger sieht man häufig mit auffällig großen Schals und Lukas Podolski trägt Pullover des 1. FC Köln, auch wenn er nicht mehr bei seinem Herzensklub spielt. Abseits des Platzes dürfen Fußballspieler wie jeder andere auch das anziehen, was ihnen gefällt. Wird das Spiel angepfiffen, ist allerdings festgeschrieben, wie ihre Kleidung aussehen muss. Die Trikots in einheitlicher Farbe sorgen dafür, dass jeder auf und neben dem Platz erkennen kann, welcher Spieler zu welchem Team gehört. Die Torhüter tragen andere Farben; schließlich soll jeder ebenfalls sofort erkennen können, wer hier den Ball in die Hand nehmen darf und wer nicht. Für das Halten der Bälle dürfen sie spezielle Handschuhe anziehen. Über die Rückennummern kann der Schiedsrichter die Spieler identifizieren.

Nur nach dem offiziellen Abpfiff erlaubt: Trikot tauschen.

Aus Rücksicht auf die Religionsfreiheit dürfen Frauen und Männer auch mit Schleier oder Turban Fußball spielen.

Beim Baseball auf dem Feld erlaubt, beim Fußball nur für Torhüter: Kappen.

Trikot
Die Feldspieler einer Mannschaft haben alle Trikots in einheitlicher Farbe an. Die Torhüter und auch die Schiedsrichter tragen andere Trikotfarben.

Torwarthandschuhe
Extragroß: Die Handschuhe sind oft viel größer als die Hände, damit der Torwart bessere Chancen hat, den Ball zu fangen.

Kanarienvögel
Lange Zeit waren Fußballschuhe in der Regel schwarz. Die Farbe war den Spielern gleichgültig, es kam eher auf das richtige Material (früher Leder, heute meistens Kunststoff) und die Sohlen an. Für Spiele auf Asche- und Kunstrasenplätzen eignen sich nämlich Schuhe mit Multinoppen. Auf echtem Rasen – vor allem wenn er nass ist – sorgen Stollen, also wenige lange Noppen, für den optimalen Halt.

Oberkante Unterlippe
Ein Spieler darf sein Trikot nicht ausziehen, wann er will. Wenn der Torschütze beim Jubeln zum Beispiel das Trikot über den Kopf zieht, muss ihm der Schiedsrichter die Gelbe Karte zeigen. Die Grenze bildet die Unterlippe des Spielers. Zieht er das Trikot darüber, gilt das als unsportlich und als Zeitspiel. Ist das Trikot allerdings zerrissen oder hat nach einer Verletzung Blutflecken abbekommen, muss er es sogar ausziehen und gegen ein neues tauschen. Dann gibt es selbstverständlich kein Gelb.

Hose
Die Spieler müssen kurze Hosen tragen. Radlerhosen oder lange Unterhosen dürfen sich farblich nicht von den Trikothosen der Spieler unterscheiden.

Schienbeinschoner
Normalerweise werden bei einem Spiel noch Schienbeinschoner getragen. Über die Schoner kommen dann Stutzen, also lange Strümpfe, die dafür sorgen, dass die Schoner nicht rutschen. Schoner sind Pflicht, um Verletzungen zu vermeiden.

Schuhe
Heute sieht man im Profifußball nur noch selten schwarze Schuhe. Dafür leuchten alle möglichen Farben an den Füßen der Spieler.

Angeberwissen
Wenn ein Spieler auf dem Platz einen Schuh verliert, darf er den Ball nicht mehr spielen. Kickt oder köpft er ihn trotzdem, bekommt die gegnerische Mannschaft einen indirekten Freistoß.

Eine runde Sache

Er ist der absolute Hauptdarsteller in jedem Spiel. Ohne ihn können weder Lionel Messi noch Mario Götze glänzen. Er hat viele Spitznamen, manche nennen ihn »Pille«, manche »das runde Leder«. Der Horror für jeden Fußballfan: Wenn ihm die Luft ausgeht. Er geht ins Netz wie ein Fisch und fliegt in die Lüfte wie ein Vogel. Ohne ihn ist ein Fußballfeld nur eine Wiese: der Ball.

WM 2022

Modell: **Al Rihla**

Der Name des offiziellen Balls der WM 2022 kommt aus dem Arabischen und bedeutet »Reise«.

Maßanfertigung

Der Fußball eines offiziellen Spiels muss ganz bestimmte Bedingungen erfüllen: Er muss aus Leder oder einem besonderen Kunststoff sein, muss einen Umfang von 68 bis 70 cm haben und darf höchstens 450 g wiegen. Also ungefähr so viel wie viereinhalb Tafeln Schokolade. Neben dem Spielball für Bundesligaspiele gibt es aber auch Spezialbälle. Jugendmannschaften spielen zum Beispiel mit kleineren Bällen. Auch beim neuen Hallenfußball, dem Futsal, wird mit kleineren Bällen gespielt. Sie springen übrigens auch nicht so stark vom Boden ab. Und die Bälle beim Beachsoccer sind besonders leicht, damit man mit ihnen einfacher Tricks in der Luft vollführen kann.

Material

Holz, Lederfetzen oder sogar Schweineblasen: Fußbälle wurden schon aus ganz verschiedenen Materialien hergestellt. In den frühen Formen waren sie häufig mit Federn oder Stofffetzen gefüllt. Seit Ende des 19. Jahrhunderts befindet sich innerhalb eines Fußballs jedoch nur noch Luft. Aber die Außenhülle hat sich in den letzten 120 Jahren stark verändert. Zuerst spielte man mit Lederbällen, die sogar verschnürt werden mussten. Die durchgängig braune Lederfarbe wurde 1970 von schwarz-weißen Bällen abgelöst. Sie waren im Fernsehen besser zu erkennen. Ab Mitte der 1980er-Jahre bestanden Fußbälle in der Regel komplett aus Kunstleder, das sich nicht voll Wasser saugen kann. Die einzelnen Stücke wurden zusammengenäht.

Als die Bälle noch einen Anteil an echtem Leder hatten, sogen sie sich bei Regen mit Wasser voll.

Funny Fact

Bälle im Aus

Mittlerweile finden Bundesligaspiele nicht mehr nur mit einem, sondern mit ungefähr zehn Bällen statt – inklusive der Ersatzbälle an den Seitenlinien. Sie werden den Spielern bei Bedarf von den Balljungen und -mädchen zugeworfen.

WM 1954

Modell: **Swiss WC Match Ball**

Diesen Ball schossen Max Morlock und zweimal Helmut Rahn ins Tor der Ungarn im WM-Finale 1954. Somit gewann Deutschland mit 3:2.

WM 1974

Modell: **Telstar Durlast**

Paul Breitner und Gerd Müller schossen diesen Ball ins Tor der Niederländer im WM-Finale 1974. Das reichte zum 2:1 Sieg.

WM 1990

Modell: **Etrusco Unico**

Den offiziellen Spielball der WM 1990 schoss Andreas Brehme per Strafstoß ins argentinische Tor zum Finalsieg.

WM 2014

Modell: **Brazuca**

Diesen Ball schoss Mario Götze ins Tor der argentinischen Mannschaft im Finale der WM 2014. Deutschland war Weltmeister.

Das große Flattern

Spätestens zur Weltmeisterschaft 2006 begann beim Fußball das große Flattern. Die Bälle wurden erstmals nicht mehr zusammengenäht, sondern die Teile einzeln verklebt. Ohne Nähte wurde ihre Oberfläche noch flacher, die Bälle also noch runder. Und das kommt Kunstschützen, wie beispielsweise Toni Kroos, zugute. Er kann den Ball beim Freistoß so treffen, dass er zuerst im Bogen über die Mauer segelt und dann urplötzlich gerade nach unten ins Tor fällt. Solche Schüsse sind nur mit der neuen Generation an Bällen möglich. Kein Wunder, dass viele Torhüter nicht gerade begeistert von ihnen sind.

Für jeden Anlass den richtigen Ball

Viele Profiteams haben verschiedene Arten von Bällen. Beim täglichen Training wird mit speziellen Trainingsbällen gespielt. Die Trainer brauchen mehr als einen Ball, wenn ihre Spieler individuell damit trainieren sollen. Also setzen sie günstigere Bälle ein, die nicht so hochwertig wie die Spielbälle sind. In besonderen Spielen, wie beispielsweise dem WM-Finale, werden besondere Bälle eingesetzt. Auf ihnen wird die Paarung eingraviert; außerdem bekommen sie ein besonderes Design.

Ein Ball – mehrere Größen

Der Beachsoccerball besteht aus einem anderen Material als ein regulärer Fußball, er hat eine weiche Oberfläche. Der Futsalball ist kleiner als ein normaler Fußball und springt nicht stark.

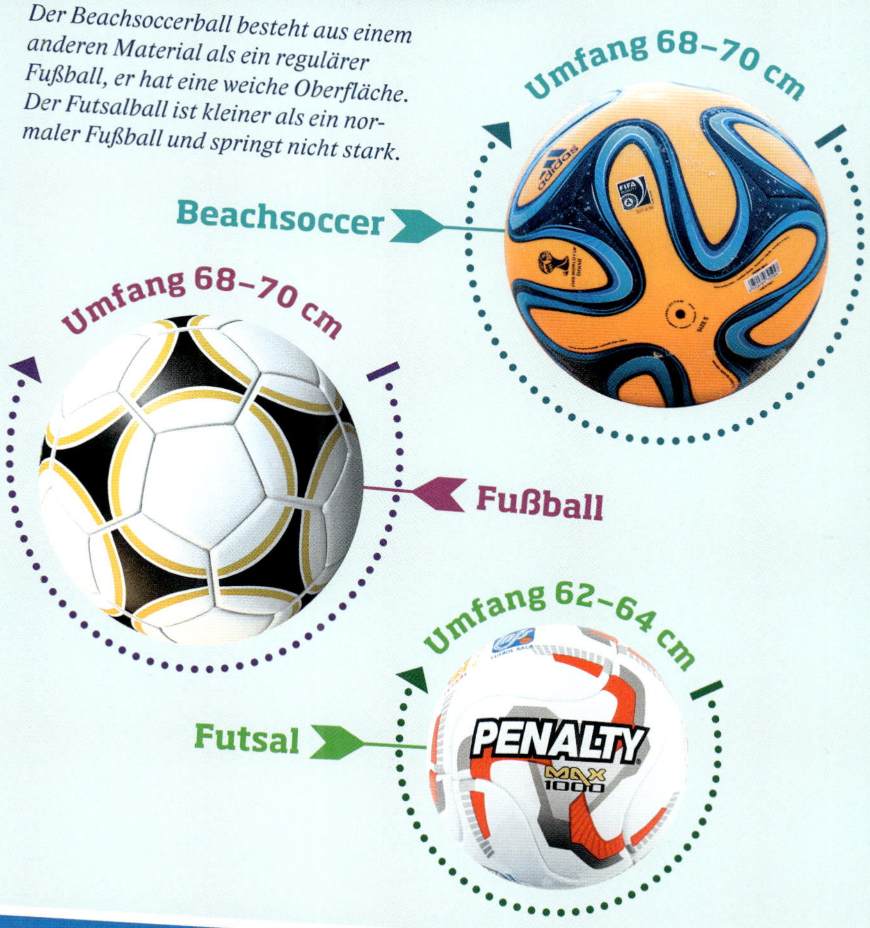

Die Entscheidungen

Gerade bei Zweikämpfen in der Luft passieren häufig Fouls. Die Spieler können sich dabei einfach nicht so gut kontrollieren.

Ein Fußballspiel verläuft nicht frei und wild, es wird von Entscheidungen geprägt. Ständig werden die Regeln umgesetzt und das Spiel in vorgegebener Weise unterbrochen und fortgesetzt. Selbst beim Kicken auf dem Bolzplatz, wo es keinen Schiedsrichter gibt und meistens nicht alle offiziellen Regeln angewendet werden, halten sich die Spieler an Vorgaben. Schließlich muss es zum Beispiel irgendwie weitergehen, wenn der Ball neben dem Tor im Aus gelandet ist. Bei den Entscheidungen des Schiedsrichters wird zwischen Spielstrafen und persönlichen Strafen unterschieden.

Freistoß, Strafstoß und Co.

Spielstrafen zeigen an, wie es mit dem Ball weitergeht, wenn eine Mannschaft etwas Unerlaubtes getan und der Schiedsrichter gepfiffen hat. Foult ein Spieler zum Beispiel einen Gegner, gibt es einen Freistoß an dem Ort, an dem der Spieler gefoult wurde. Liegt dieser Ort im Strafraum, gibt es einen Strafstoß. Dabei kann ein Spieler der gefoulten Mannschaft den Ball aus elf Metern Entfernung auf das Tor schießen, ohne dass sich ein gegnerischer Feldspieler dazwischenstellen darf. Nach Fouls und wenn ein Spieler den Ball mit der Hand gespielt hat, sind Freistöße direkt. Das bedeutet, dass mit ihnen, genauso wie bei Strafstößen, direkt ein Tor erzielt werden kann. Bei indirekten Freistößen ist das anders. Wenn der Ball ins Tor fliegt, muss erst ein anderer Spieler den Ball berührt haben, damit der Treffer zählt. Indirekte Freistöße gibt es, wenn ein Spieler im Abseits stand oder jemanden beleidigt hat.

Gelbe Karte, Rote Karte und Co.

Persönliche Strafen kann es für den jeweiligen Spieler geben, der ein Vergehen begangen hat. Foult ein Spieler zum ersten Mal und ohne seinen Gegner zu verletzen, wird der Schiedsrichter ihn wahrscheinlich nur ermahnen, also mit ihm sprechen. Bei härteren Fouls oder unsportlichem Handspiel gibt es die Verwarnung: Der Schiedsrichter zeigt dem Spieler die Gelbe Karte. Der Spieler darf zunächst weiterspielen. Wenn er aber noch einmal ein verwarnungswürdiges Foulspiel begeht, zeigt ihm der Schiedsrichter erst die Gelbe und dann die Rote Karte – der Spieler muss jetzt das Feld verlassen. Tritt ein Spieler einen anderen, um ihn zu verletzen, muss der Schiedsrichter ihn direkt vom Platz stellen. Dazu zeigt er ihm die Rote Karte. Bei vielen Entscheidungen muss der Schiedsrichter selbst festlegen, ob es eine persönliche Strafe geben soll oder nicht. Manche Strafen durch das Kartenzeigen sind aber ganz klar vorgegeben: Wenn ein Spieler einen anderen am Trikot festhält, muss er dafür zum Beispiel auf jeden Fall die Gelbe Karte bekommen.

Schon gewusst?

Gelbe und Rote Karten gibt es seit der Weltmeisterschaft 1970. Alle Spieler, aber auch die Fans im Stadion und am Fernseher können so direkt erkennen, wenn der Schiedsrichter einen Spieler verwarnt oder vom Platz stellt.

Verhindert ein Spieler zum Beispiel durch ein Foulspiel oder ein Handspiel eine glasklare Torchance für den Gegner, muss ihm der Schiedsrichter dafür die Rote Karte zeigen.

Schulterschluss

Ein Fußballspiel ist durch Zweikämpfe geprägt. In den Regeln ist eindeutig festgelegt, wie sich zwei Spieler dabei berühren dürfen: Nämlich nur Schulter gegen Schulter und das auch nur im direkten Kampf um den Ball. Jedes Halten, Schubsen, Treten oder Schlagen ist offiziell verboten. Trotzdem wird nicht jeder Körperkontakt im Spiel abgepfiffen. Sonst könnte es ja zu keinem richtigen Spielfluss kommen und es würde alle paar Sekunden einen Freistoß geben.

Zeitstrafe

Im Jugendfußball gibt es als zusätzliche persönliche Strafe die Zeitstrafe. Nach fünf Minuten darf der Spieler wieder aufs Feld. Die Zeitstrafe gibt es bis zur A-Jugend.

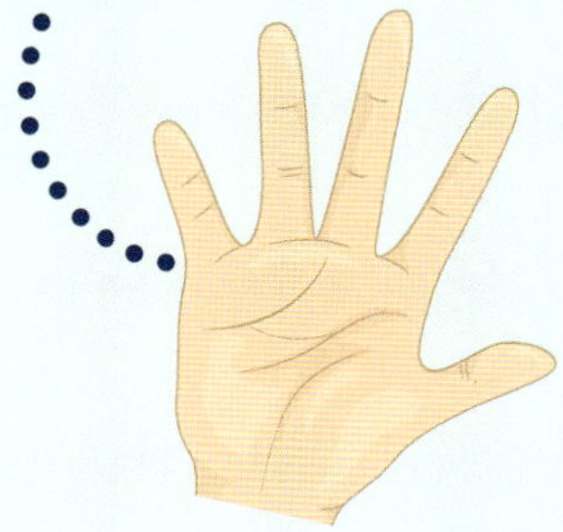

Was der Schiedsrichter anzeigt!

Elfmeter

Der Schiedsrichter zeigt auf den Elfmeterpunkt. Es gibt einen Elfmeter für die im Strafraum gefoulte Mannschaft.

Indirekter Freistoß

Der Schiedsrichter zeigt einen indirekten Freistoß an, indem er einen Arm nach oben streckt.

Direkter Freistoß

Nach Foulspiel oder Handspiel sind Freistöße direkt.

Vorteil

Der Schiedsrichter zeigt mit beiden Armen, dass das Spiel weitergeht.

Gelbe Karte

Der Spieler wird durch die über Kopfhöhe gehaltene Gelbe Karte verwarnt.

Rote Karte

Platzverweis: Der Spieler muss das Spielfeld verlassen. Seine Mannschaft hat nun einen Spieler weniger.

Die Regeln

Siebzehn Regeln bestimmen den Fußball. Außer den grundsätzlichen Angaben zur Größe des Spielfelds, der Ausrüstung der Spieler und der Beschaffenheit des Balls ist alles für den Spielverlauf geregelt: Was ist ein Foulspiel und was nicht? Wann steht ein Spieler im Abseits? Wie lang dauert ein Spiel? Zusätzlich zu diesen grundsätzlichen Fragen gibt jeder Fußballverband noch weitere Anweisungen an seine Schiedsrichter heraus. Darin sind dann zum Beispiel die optimalen Laufwege des Schiedsrichters beschrieben.

Die acht Weisen

Vertreter von nur vier Ländern bestimmen, wie auf der ganzen Welt Fußball gespielt wird. Als in Großbritannien Ende des 19. Jahrhunderts die ersten Fußballverbände gegründet wurden, schlossen sich England, Nordirland, Schottland und Wales zusammen, um einheitliche Regeln festzulegen. Dieses Gremium wird International Football Association Board genannt. Mittlerweile sitzen zusätzlich vier Abgeordnete der FIFA bei den Beratungen mit am Tisch. Mehr Mitbestimmung von außen ist allerdings nicht möglich. Und so entscheiden im Prinzip acht Menschen, wie 240 Millionen auf der ganzen Welt Fußball zu spielen haben.

Regel: 14

Beim Strafstoß müssen alle Spieler außer dem Schützen außerhalb des Strafraums warten, bis der Ball geschossen wurde.

Regel: 10

Nur wenn der Ball komplett über die Torlinie gerollt ist, zählt der Treffer. In der Bundesliga wird der Schiedsrichter dabei von der Torkamera unterstützt.

1 Das Spielfeld

Das Spielfeld muss zwischen 90 und 120 Meter lang und 45 und 90 Meter breit sein. Bei Jugendspielen gelten kleinere Größen.

2 Der Ball

Der Ball muss einen Umfang von 68–70 Zentimetern haben und darf zwischen 410 und 450 Gramm wiegen. Jugendbälle sind kleiner und leichter.

3 Zahl der Spieler

Jede Mannschaft besteht aus einem Torwart und zehn Feldspielern. Jede Mannschaft darf dreimal, in Ausnahmefällen fünfmal pro Spiel wechseln.

4 Ausrüstung der Spieler

Jeder Spieler muss ein Trikot, eine Hose, Schuhe und Schienbeinschoner tragen. Torhüter dürfen mit Handschuhen und auch Kappen auflaufen.

5 Der Schiedsrichter

Der Schiedsrichter muss eine Ausbildung absolviert haben. Auf dem Spielfeld sorgt er für die Einhaltung der Regeln. Seine Entscheidungen gelten in jedem Fall.

6 Die Schiedsrichterassistenten

Bei höherklassigen Spielen gibt es zwei Schiedsrichterassistenten. Im Profi-Bereich kommt der »4. Offizielle« an den Trainerbänken und die Video-Assistenten dazu.

7 Dauer des Spiels

Ein Spiel ist in zwei Hälften unterteilt, die jeweils 45 Minuten lang sind. Die Pause dazwischen darf höchstens 15 Minuten lang sein. Jugendspiele sind kürzer.

8 Beginn und Fortsetzung des Spiels

Zu Beginn jeder Halbzeit und nach Toren wird der Ball durch den Anstoß ins Spiel gebracht. Während des Spiels kann es Freistöße und den Schiedsrichterball geben.

Regel: 12

Verboten!

Hält ein Spieler einen anderen fest, bekommt er eine Gelbe Karte und die gegnerische Mannschaft einen direkten Freistoß zugesprochen.

Regel: 6

Der Assistent zeigt an, dass sich in der Mitte des Feldes ein Spieler im Abseits befindet.

Regel: 12

Streng genommen ist nur diese Art von Zweikampf erlaubt: Schulter gegen Schulter. Grätschen, die den Gegner treffen, oder Schlagen sind verboten.

9 Ball in und aus dem Spiel

Geht der Ball über die Seitenlinie ins Aus, wirft die Mannschaft ein, die den Ball nicht zuletzt berührt hat. Neben und über dem Tor gibt es Abstoß bzw. einen Eckball.

10 Wie ein Tor erzielt wird

Ein Tor kann mit jedem Körperteil erzielt werden. Nur wenn ein Spieler absichtlich die Hand nutzt, ist das Tor ungültig.

11 Abseits

Bekommt ein Angreifer den Ball von einem Mitspieler zugespielt und hat nur noch einen Verteidiger (zum Beispiel den Torwart) oder gar keinen mehr vor sich, steht er im Abseits.

12 Verbotenes Spiel und unsportliches Betragen

Treten und Schlagen sind genauso verboten wie Festhalten, Spucken oder Beleidigen. Weder gegenüber Gegnern noch Mitspielern, Trainern oder Schiedsrichtern.

13 Freistöße

Mit direkten Freistößen können Tore erzielt werden. Indirekte Freistöße müssen erst von einem anderen Spieler berührt werden, bevor aufs Tor geschossen werden darf.

14 Strafstoß

Wird ein Spieler im gegnerischen Strafraum gefoult oder gehalten, bekommt er einen Strafstoß. Auch wenn ein Verteidiger den Ball mit der Hand spielt, gibt es einen Elfer.

15 Einwurf

Beim Einwurf muss der Spieler dort, wo der Ball ins Aus ging, mit beiden Füßen auf oder hinter der Seitenlinie stehen. Der Ball muss mit beiden Händen geworfen werden.

16 Abstoß

Der Abstoß muss aus dem Torraum, also dem Fünf-Meter-Raum erfolgen. Dabei ist es egal, ob der Torwart oder ein anderer Feldspieler den Ball schießt.

17 Eckstoß

Eckstöße müssen auf der Seite, auf der der Ball ins Aus gegangen ist, getreten werden. Dabei muss der Ball in dem kleinen Halbkreis um die Eckfahne liegen.

Mit Pfeife und Fahne

Headset

Über Funk kann der Schiedsrichter mit seinen Assistenten, dem vierten Offiziellen und dem Videoschiedsrichter reden.

Karten

Zum Aussprechen der persönlichen Strafen hat jeder Schiedsrichter eine Gelbe und eine Rote Karte dabei.

Freistoßspray

Mit einem speziellen Schaum legt der Schiedsrichter den Freistoßort und den Mauerabstand fest.

Pfeife

Die Pfeife ist ungefähr 100 Dezibel laut – fast so wie ein startendes Flugzeug.

Oft ist es ein undankbarer Job, auf dem Platz in die Pfeife pusten oder Abseits mit der Fahne anzeigen zu müssen. Und trotzdem gibt es in Deutschland über 70 000 Schiedsrichter. Die überragende Mehrheit der Unparteiischen leitet Spiele im Jugend- und Amateurfußball, nur ganz wenige schaffen den Sprung in den Profifußball. Denn auch bei den Schiedsrichtern gibt es Auf- und Absteiger. Sie werden für ihre Leistungen benotet und müssen Regel- und Sporttests absolvieren.

Allein, zu dritt oder als Kleingruppe

In den untersten Ligen ist der Schiedsrichter auf sich allein gestellt, er muss alle Entscheidungen selbst treffen. Ab einer gewissen Spielklasse wird er von zwei Assistenten unterstützt. Sie zeigen in ihren Spielfeldhälften Abseits, Aus, Fouls und Auswechslungen an. Im Profibereich gibt es den vierten Offiziellen, der vor allem die Trainer in Schach hält und Auswechslungen anzeigt. In der 1. und 2. Liga sitzen pro Spiel zusätzlich zwei Schiedsrichter vor TV-Bildschirmen und können so als Videoassistenten helfen. Auch bei den Spielen des DFB-Pokals, in der Champions League und bei Welt- und Europameisterschaften sind die Videoschiedsrichter mittlerweile aktiv.

Schon gewusst?

In der Bundesliga wird seit 2017 der Videoschiedsrichter eingesetzt. Er soll den Schiri bei wichtigen Entscheidungen unterstützen.

Deniz Aytekin – Interview mit einem FIFA-Schiedsrichter

Mit seinen 1,97 Meter ist er wie geschaffen für den Job des Schiedsrichters. Seit 2008 pfeift er in der Bundesliga, seit 2014 gehört er offiziell zu den besten Schiedsrichtern der FIFA. Aytekin ist sogar deutscher Schiedsrichter des Jahres 2019. Er genießt hohe Akzeptanz bei den Spielern, weil er durch seine konsequente und berechenbare Spielleitung für alle Beteiligten immer nachvollziehbar bleibt. Die Spieler mögen an dem Oberasbacher, dass er öfter das Gespräch mit ihnen sucht und eine angenehme und respektvolle Atmosphäre auf dem Platz schafft.

Name:
Deniz Aytekin
Beruf:
Internetunternehmer
Jahrgang:
1978

Warum tun Sie sich den schwierigen Job als Schiedsrichter an?

Ich habe selbst Fußball gespielt, beherrschte die Regeln aber nur teilweise. Irgendwann wollte ich es mal genauer wissen und hab' die Schiedsrichterausbildung gemacht. Und dann bin ich dabei hängen geblieben. Ich liebe einfach den Fußball; außerdem ist mir Gerechtigkeit besonders wichtig. Und auf dem Platz kann ich den Fair-Play-Gedanken wunderbar umsetzen.

Muss ein Schiedsrichter eigentlich trainieren?

Während der Woche absolviere ich fünf bis sechs Trainingseinheiten – Laufen oder Kraft- und Koordinationstraining. Die Inhalte für die Trainingseinheiten bekommen wir Schiedsrichter vom DFB genannt. Und das Training ist wichtig. Viermal im Jahr haben wir einen Lauftest, den wir bestehen müssen. Und im Spiel muss ich ja auch immer auf der Höhe sein.

Deniz Aytekin ist es besonders wichtig, viel mit den Spielern zu sprechen, um ein gutes Verhältnis zu ihnen aufzubauen.

Welches Spiel würden Sie gerne mal pfeifen?

Ich freue mich auf jedes Spiel, das ich leiten darf. Ein Bundesligaspiel ist immer eine tolle Herausforderung, ein spezielles Traumspiel habe ich nicht. Aber trotzdem machen natürlich auch die internationalen Spiele, wie in der Champions League, besonders viel Spaß.

Warum würden Sie Jugendlichen raten, Schiedsrichter zu werden?

Es macht einfach Spaß, Teil des Fußballspiels zu sein. Aber vor allem habe ich auf dem Platz Durchhaltevermögen gelernt. Immer weitermachen, auch wenn ein Spiel mal nicht so gut gelaufen ist und das nächste Spiel positiv angehen. Daneben kenne ich keine bessere »Schule« als das Pfeifen, um Durchsetzungsvermögen zu lernen und dadurch selbstbewusster zu werden.

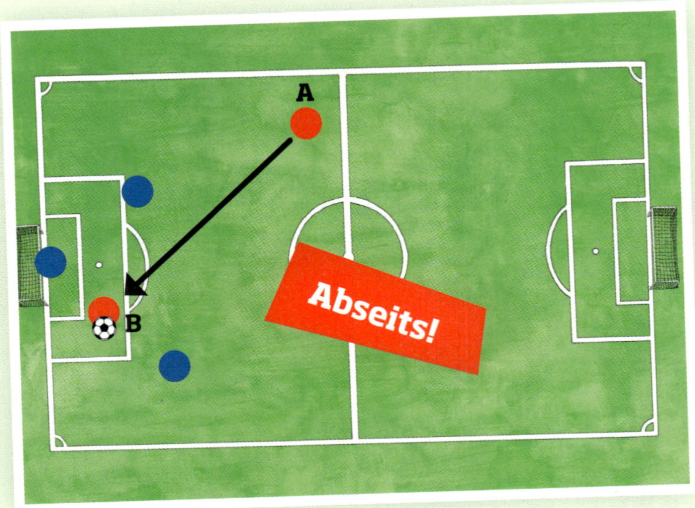

Beim Pass hat Spieler B nur noch einen Verteidiger vor sich: Abseits und indirekter Freistoß dort, wo Spieler B im Abseits stand.

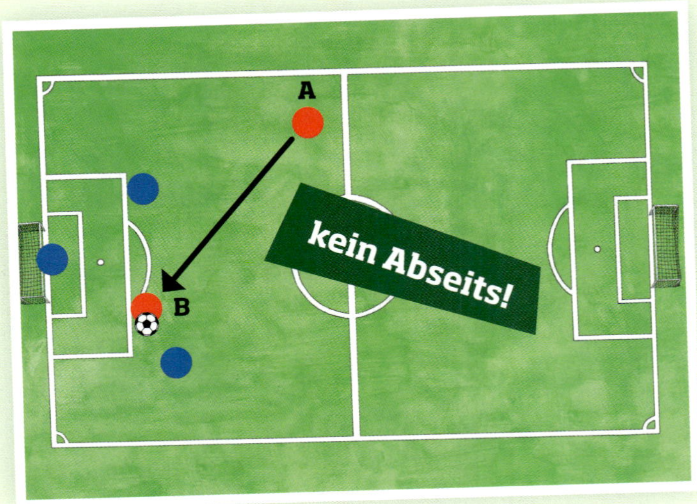

Befindet sich der Angreifer B auf der gleichen Höhe wie der vorletzte Abwehrspieler, geht das Spiel weiter.

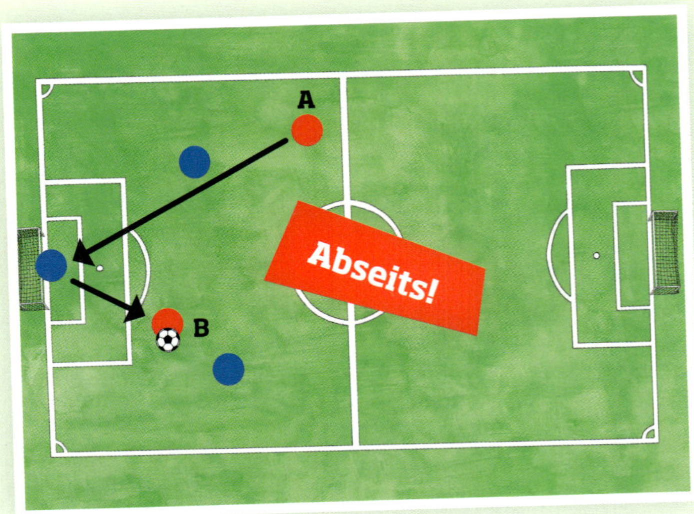

Prallt der Ball nach einem Torschuss vom Pfosten oder dem Torwart zu einem im Abseits stehenden Angreifer, pfeift der Schiedsrichter.

Abseits!

Im Abseits steht ein Angreifer nur, wenn sich zwischen ihm und dem gegnerischen Tor nur noch ein Abwehrspieler (meistens der Torwart) oder gar kein Spieler mehr befindet. Bekommt er dann den Ball von einem Mitspieler zugespielt, muss der Schiedsrichter auf Freistoß für die abwehrende Mannschaft entscheiden.

Die Abwehrspieler zeigen an, dass der Stürmer im Abseits stehen würde. Ob das tatsächlich so ist, entscheiden aber nur der Schiedsrichter und seine Assistenten.

Kennst du die Regeln?

Spätestens wenn man die dritte Zeitlupe im Fernsehen gesehen hat, ist für jeden Fan klar: »Das war ein Strafstoß!« Die Schiedsrichter im Profi-Fußball können sich in Ausnahmefällen Zeitlupen am Spielfeldrand anschauen. Im Amateur- und Jugendfußball nicht: Hier muss der Schiedsrichter allein und blitzschnell eine Entscheidung treffen. Das ist nicht einfach – selbst beim theoretischen Regeltest nicht. Hier kannst du dein Regelwissen testen. Die richtigen Antworten findest du auf den vorherigen Seiten.

Teste dein Regelwissen!

1 Ein Verteidiger läuft hinter einem Stürmer her, der den Ball dribbelt. 20 Meter vor dem Tor hält er ihn am Trikot fest und bringt ihn so zu Fall. Wie muss der Schiedsrichter entscheiden?

- A Indirekter Freistoß
- B Strafstoß, Gelbe Karte
- C Direkter Freistoß, Gelbe Karte

2 Verteidiger und Angreifer laufen dem Ball hinterher. Dabei geraten sie mit ihren Schultern aneinander. Der Verteidiger fällt zu Boden. Wie muss der Schiedsrichter entscheiden?

- A Weiterspielen lassen
- B Direkter Freistoß
- C Indirekter Freistoß

3 Bei einem Eckstoß stellt sich ein Verteidiger neben dem Pfosten ins Tor. Als der Ball aufs Tor geschossen wird, hält er ihn mit der Hand auf. Wie muss der Schiedsrichter entscheiden?

- A Direkter Freistoß
- B Strafstoß
- C Strafstoß, Rote Karte

4 Bei einem Zweikampf schießt ein Angreifer den Ball an die Eckfahne. Von dort rollt der Ball auf der Seitenlinie entlang. Wie muss der Schiedsrichter entscheiden?

- A Einwurf für die abwehrende Mannschaft
- B Weiterspielen lassen
- C Einwurf für die angreifende Mannschaft

5 Ein Spieler schießt einen direkten Freistoß ins Tor und zieht sich dann beim Jubeln das Trikot aus. Wie muss der Schiedsrichter entscheiden?

- A Wiederholung des Freistoßes, Gelbe Karte
- B Tor, Gelbe Karte
- C Tor!

Die richtigen Antworten sind: 1C, 2A, 3C, 4B, 5B

Seine ausgezeichnete Schusstechnik macht Zlatan Ibrahimović zu einem der torgefährlichsten Stürmer.

Im Durchschnitt sind Torschüsse circa 120 Stundenkilometer schnell. Der Rekord liegt bei über 200 Stundenkilometer.

Innenseite
So kommen die Bälle sehr genau, aber nicht so hart.

Außenspann
Den Ball mit der Außenseite des Fußes zu spielen, ist besonders schwierig, weil er nicht so gut kontrolliert werden kann.

Innenspann
Die beste Variante, um den Ball kontrolliert auf das Tor zu schießen oder zu flanken.

Vollspann
Mit dem Vollspann hast du den härtesten Schuss, wenn du den Ball genau triffst.

Kick it!

Fußball ist Mannschaftssport. Gewinnen kann man nur gemeinsam. Die Mannschaft besteht aber trotzdem aus vielen Einzelspielern. Um ein guter Spieler zu werden, müssen Fußballer ihre individuellen Fähigkeiten am Ball trainieren. Dazu gehören Standards wie das Schießen oder Köpfen, aber auch spezielles Training wie Dribblings und Tricks. Torhüter müssen teilweise noch einmal andere Dinge trainieren als ihre Mannschaftskollegen.

Torschuss oder Pass?

Es gibt verschiedene Arten, den Ball zu schießen. Wie ein Spieler ihn optimalerweise trifft, hängt vor allem davon ab, was mit dem Ball passieren soll. Wenn Thomas Müller ein Tor erzielen will, schießt er den Ball meistens so hart, wie es geht. Schließlich soll ihn der gegnerische Torwart nicht mehr erreichen können. Dazu nutzt er dann den Vollspann seines Fußes. So erlangt der Ball die höchste Geschwindigkeit. Wenn Ilkay Gündoğan einen Pass im Mittelfeld spielt, nutzt er in den meisten Fällen die Innenseite seines Fußes. So kann der Ball zwar nicht so hart, dafür aber präziser gespielt werden. Und die Mitspieler sollen den Pass von Gündoğan ja erreichen. Spieler wie Marco Reus, die eine besonders gute Technik haben, passen den Ball auch schon mal mit der Außenseite des Fußes. Das ist besonders schwierig, weil man den Ball nicht so gut kontrollieren und ihn auch nicht so hart schießen kann.

Volley aus der Luft

Einen Ball, der am Boden liegt oder auf einen zugerollt kommt, kann man ganz gut treffen. Schwieriger wird es bei Bällen, die durch die Luft geflogen kommen. Wenn Julian Brandt einen solchen sogenannten Volleyschuss aufs Tor bringen will, muss er vor allem gut abschätzen, in welchem Bogen der Ball zu

Max Kruse nimmt den Ball mit der Innenseite seines Fußes an. So kann er ihn unter Kontrolle bringen, obwohl er ihm nicht flach über den Rasen zugespielt wurde.

ihm geflogen kommt. Mit dem Standbein braucht er einen guten Halt und lehnt sich dann ein bisschen zurück, um Schwung zu holen. Das Schussbein holt weit aus und trifft den Ball möglichst mit voller Wucht in der Luft. Volleyschüsse, die direkt in einen Winkel des Tors gehen oder vor dem Tor auf dem Boden auftitschen, sind für die Torhüter extrem schwierig abzuwehren.

Rückwärts aus der Luft

Wenn Robert Lewandowski mit dem Rücken zum Tor steht und eine hohe Flanke in seine Richtung segelt, raunt das ganze Stadion. Denn jetzt kann es spektakulär werden. Lewandowski springt ab und lehnt sich nach hinten, bis er fast waagerecht in der Luft liegt. Mit dem einen Bein holt er Schwung, das Schussbein versucht, den heranfliegenden Ball zu treffen. Über seinen Kopf hinweg schießt er den Ball auf das Tor. Diese Bälle sind für den gegnerischen Torhüter sehr schwierig zu berechnen. Aber mindestens genauso schwierig ist es, den Ball perfekt zu treffen.

Kopfball

Auch wie ein Ball geköpft wird, hängt davon ab, was der Spieler mit dem Ball vorhat. Wenn Mats Hummels nach einem Eckball im eigenen Strafraum den Ball köpft, versucht er, ihn hoch und weit zu spielen, möglichst weit weg vom eigenen Tor. Kommt er allerdings bei einer Ecke seiner Mannschaft mit nach vorne, wird er den Ball in der Regel mit der Stirn nach unten köpfen. So wird der Ball viel schneller und härter und Hummels kann vielleicht eines seiner berüchtigten Tore erzielen.

Eigentlich sollte er vor allem Tore verhindern. Aber bei der WM 2014 erzielte Mats Hummels zwei Tore per Kopf.

Mit dem Kopf ausholen (1). Den Nacken anspannen und den Ball mit der Stirn köpfen (2). In die Richtung nicken, in die der Ball fliegen soll (3).

Sehr schwierig, aber spektakulär: der Fallrückzieher, hier vorgeführt von Robert Lewandowski.

Freistoßvarianten

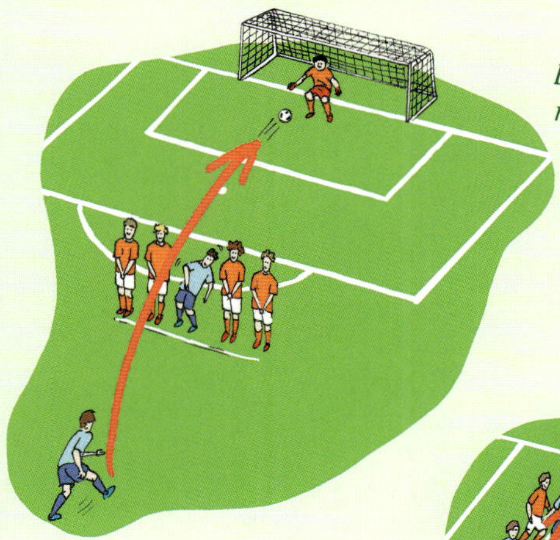

Bei einem direkten Freistoß muss der Schütze die Mauer und den Torwart überwinden, um ein Tor zu erzielen.

Freistöße, die weiter vom Tor entfernt sind, werden oft als Flanke in den Strafraum geschlagen.

Ball annehmen

Bälle, die halbhoch geflogen kommen, sind besonders schwer zu kontrollieren. Kein Problem für Niklas Süle.

Extrem wichtig, aber manchmal auch ganz schön schwierig ist es, den Ball nach einem Zuspiel anzunehmen. Wenn Niklas Süle den Ball flach zugespielt bekommt, stoppt er ihn entweder mit der Innen- oder der Außenseite seines Fußes. So kann er ihn perfekt weiterspielen. Um den Ball wirklich zum Liegen zu bringen, stellt er auch schon einmal die Sohle auf den Ball. Halbhohe Bälle nimmt er entweder mit dem Knie oder der Brust an. Dabei ist es wichtig, dass der Ball abtropft, also an ihm herunterfällt. Wenn Süle ihn dann noch mit dem Fuß spielt, kann er den Ball kontrollieren.

Hacke, Spitze ...

Es ist die hohe Kunst des Fußballs, es ist verdammt schwierig, aber die Fans lieben es: das kunstvolle Dribbling mit dem Ball. Wenn Serge Gnabry den Ball im Mittelfeld bekommt, ist es fast so, als ob er ihn mit dem Fuß streicheln würde. Er zieht ihn mit der Sohle nach links, spielt ihn mit der rechten Hacke um sein eigenes Standbein und tickt ihn nur leicht mit der Spitze seines Fußes am Gegenspieler vorbei. Für das individuelle Dribbling gibt es keinen perfekten Trainingsplan. Man muss es immer und immer wieder üben: auf dem Fußballfeld, dem Bolzplatz oder im Garten.

... mit der Brust

Lehne deinen Oberkörper zurück und bilde so mit deiner Brust eine Art Tablett. Von dort lässt du den Ball direkt vor deine Füße fallen.

... mit dem Oberschenkel

Halbhoch gespielte Bälle lässt du am besten mit dem Oberschenkel auf den Boden abtropfen. Dabei bildet der Oberschenkel eine Art Tablett (1). Auf dem Boden kontrollierst du den Ball mit dem Fuß (2).

... im Lauf

Nimm den Ball mit der Innenseite deines Fußes an und lass ihn leicht in deine Laufrichtung prallen (1). Dann läufst du weiter und kontrollierst ihn mit der Innenseite (2).

Der Torwart

Während seine Teamkollegen vom FC Barcelona vor ihm mit dem Ball zaubern und ein Tor nach dem nächsten schießen, ist die Hauptaufgabe für Marc-André ter Stegen, dass seine Mannschaft kein Tor kassiert. Blitzschnell muss er sich der Situation anpassen, in der ein Ball auf sein Tor geschossen wird. Wenn der Torschuss nicht zu hart geschossen ist, kann er den Ball fangen. Dann hat er die beste Kontrolle über den Ball und kann ihn sofort seinen Mitspielern zuwerfen oder zurollen. Bei einem schnellen Ball, der in eine Ecke des Tors geschossen wird, hat der deutsche Torhüter selten die Chance, in aller Ruhe den Ball festzuhalten. Dann muss er abspringen, sich lang machen und versuchen, seine Hände irgendwie an den Ball zu bekommen. Der Torwart wird versuchen, ihn mit der flachen Hand zur Seite zu lenken oder mit den Fäusten so weit wegzuboxen, wie es geht.

Sogar in größter Bedrängnis kickt Manuel Neuer den Ball mit der Hacke zur Seite.

Der Torwart auf dem Feld

Manuel Neuer hat es perfektioniert: als Torwart auch außerhalb seines Tors mitzuspielen. Wenn er bemerkt, dass die gegnerische Mannschaft einen langen Ball in Richtung seines Tors schießt, sprintet Neuer aus dem Tor. Dann kommt es darauf an, dass er vor dem gegnerischen Stürmer am Ball ist und ihn wegschießen kann. Diese Spielweise ist sehr riskant; schließlich ist das Tor komplett frei, wenn der Torhüter nach vorne läuft.

Keeper im gegnerischen Strafraum

Liegt seine Mannschaft kurz vor Spielende knapp zurück, kommt es vor, dass Kevin Trapp in den gegnerischen Strafraum läuft. Wenn sein Team Eintracht Frankfurt einen Eckball bekommt, will er versuchen, den Ausgleich zu erzielen. Im normalen Spielverlauf würde Trapp das Risiko aber nicht eingehen. Doch in diesen Situationen am Spielende wäre es oft nicht mehr so dramatisch, falls sein Ausflug schiefginge und er noch ein Gegentor bekäme.

Ball aufnehmen

Um einen Ball sicher aufzunehmen, versucht der Torhüter, seinen Körper (zum Beispiel seine Beine) hinter den Ball zu bekommen. So kann der nicht hindurchrutschen.

Wenn er den Ball abwirft, anstatt ihn zu schießen, kann ter Stegen ihn besser kontrollieren.

Über 60 Meter

weit wirft ein Profitorhüter den Ball – so weit, wie manche Fußballer nicht einmal schießen können.

Moderne Stürmer wie Jamal Musiala müssen auf verschiedenen Positionen spielen können: außen, im Sturmzentrum oder auch mal im Mittelfeld.

System auf dem Platz

Dass eine Mannschaft immer mindestens ein Tor mehr schießen will als der Gegner, um so das Spiel zu gewinnen, ist klar. Aber wie das gelingen kann, dafür gibt es unzählige Wege. Es hängt zum einen von der Aufstellung ab, also wie viele der elf Spieler Abwehrspieler sind und wie viele Angreifer. Und zum anderen vom Spielsystem, von der Taktik. Beides bestimmen die Trainer einer Mannschaft vor jedem Spiel neu. Oft haben sie aber ein Lieblingssystem, das sie immer spielen lassen und unter der Woche mit dem Team trainieren.

Die Teile einer Mannschaft

Eine Mannschaft ist in mehrere Aufgabenbereiche unterteilt. Die Position des Torwarts ist klar besetzt. Er steht im eigenen Tor, er soll nur verhindern, dass der Ball ins Tor fliegt. Vor ihm spielt die Abwehrreihe. Ihre Aufgabe ist schon nicht mehr so eindeutig abgegrenzt. Natürlich sollen die Abwehrspieler vor allem den Ball abwehren. Sie müssen sich aber auch immer wieder ins Spiel nach vorn einschalten und den Angriff der eigenen Mannschaft einleiten.

Spielsystem 4-4-2

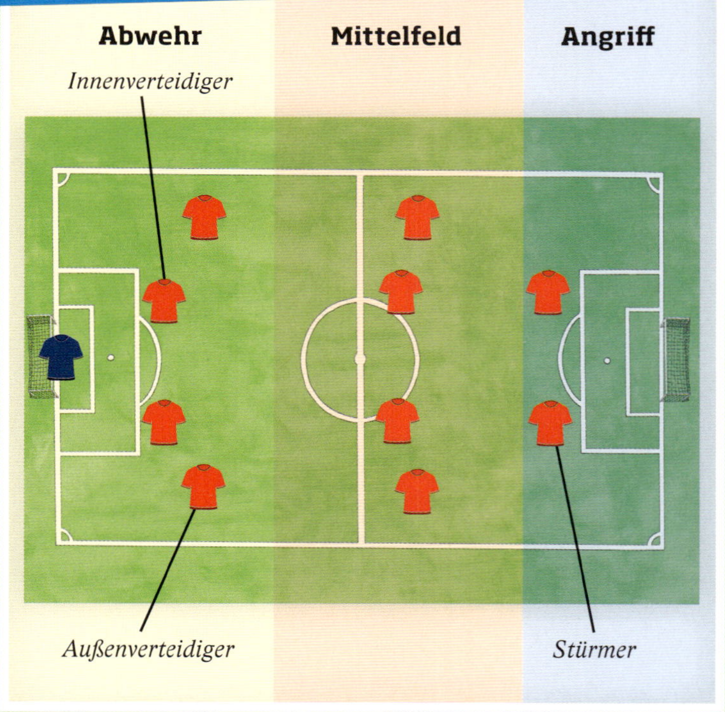

Eine beliebte klassische Aufstellung: vier Abwehrspieler, vier Mittelfeldspieler, zwei Stürmer. Wenn die Mannschaft den Ball hat, laufen die Außenverteidiger häufig mit nach vorne, um zum Beispiel Flanken zu schlagen.

Funny Fact

Falsche Neun

Klassische Spielpositionen werden mit Trikotnummern in Verbindung gebracht: Der zentrale Mittelfeldspieler ist die 10, der Mittelstürmer die 9. Die Positionen werden allerdings immer weniger klassisch besetzt. Deshalb wird zum Beispiel ein Mittelstürmer, der hinter den Außenstürmern spielen soll, als falsche 9 bezeichnet.

Der Trainer bestimmt eine Grundordnung der Spieler; während des Spiels müssen die Spieler aber natürlich schon einmal ihre Positionen verlassen.

Abwehrtaktiken

Verteidiger werden in der Regel in sogenannten Ketten aufgestellt. Das heißt, sie versuchen, möglichst auf einer Linie nebeneinander zu stehen. Manche Trainer lassen mit einer Dreierkette, manche mit einer Viererkette und andere mit fünf Abwehrspielern spielen. Mittlere Abwehrspieler heißen Innenverteidiger. Sie sollen vor allem dafür sorgen, dass der Gegner kein Tor schießt. Die Außenverteidiger hingegen schalten sich auch immer wieder in den Angriff der eigenen Mannschaft ein.

Angriffstaktiken

Auch im Angriff hat der Trainer verschiedene Möglichkeiten. In manchen Systemen spielen zwei Mittelstürmer im Zentrum; dahinter stehen die Mittelfeldspieler, die die Stürmer mit Pässen und Flanken in gute Abschlussmöglichkeiten bringen sollen. Immer öfter verteilen die Trainer ihre Stürmer aber über die Breite des Feldes. Sie spielen dann mit drei Stürmern; dafür gibt es im Mittelfeld einen Spieler weniger. Im Zentrum des Mittelfelds sind die Spieler zum einen für das Vorantreiben des Balls verantwortlich; zum anderen sollen sie auch verhindern, dass der Gegner den Ball durch die Mitte auf das eigene Tor bringt.

Spielsystem 3-4-3

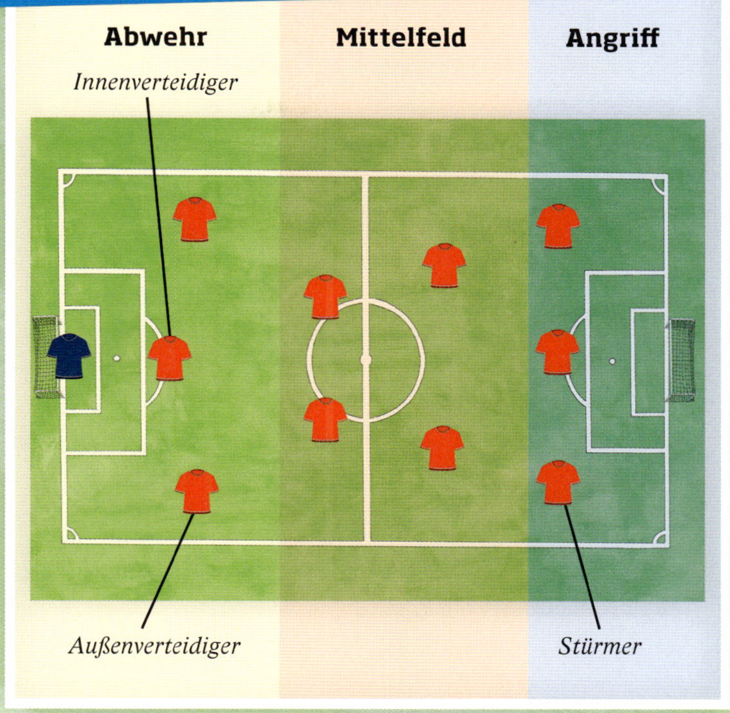

Dieses System ist immer häufiger im modernen Fußball zu sehen: drei Abwehrspieler, vier Mittelfeldspieler, drei Stürmer. So hat die Mannschaft mehr Spieler im Angriff zur Verfügung, dafür weniger im Abwehrzentrum.

Spielsystem 4-2-3-1

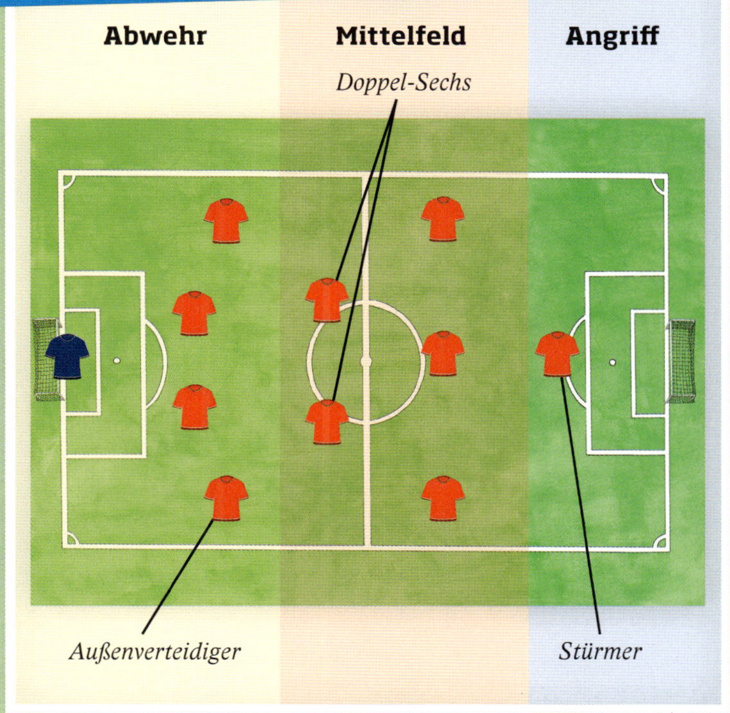

Beim System mit vier Abwehrspielern und einem Stürmer sind die Aufgaben der fünf Mittelfeldspieler klar verteilt: Die beiden hinteren bilden die sogenannte Doppel-Sechs und sollen vor allem verteidigen.

Der Fußball und die Medien

Für jemanden, der keinen Fußball mag, ist es extrem schwierig, an ihm vorbeizukommen. Denn über Fußball wird jeden Tag in den Medien berichtet. Neben den Sportzeitungen am Kiosk sind auch viele Seiten der normalen Tageszeitungen mit Fußballthemen gefüllt. Mittlerweile gibt es etliche Fernsehsender, die vor allem oder sogar ausschließlich Fußball zeigen. Dazu kommen die Fußballsendungen und Fußballberichte auf den anderen Sendern. Und auch im Radio und im Internet wird man ständig mit Fußballthemen konfrontiert. Zwischen Herbst und Frühjahr, wenn überall in Europa die meisten Spiele stattfinden, ist es möglich, an jedem Tag der Woche mindestens ein Spiel live im Fernsehen zu sehen.

Gemeinsam Fußball erleben

Seit einigen Jahren ist es bei besonderen Spielen weitverbreitet, in einer großen Gruppe gemeinsam Fußball zu schauen. Die Übertragungen sind auf Großleinwänden zu sehen, die im Freien oder in größeren Hallen aufgebaut sind. So bekommen die Fans beim gemeinsamen Schauen fast das Gefühl, sie wären im Stadion. In Deutschland wurde das sogenannte Public Viewing (englisch für »öffentliches Gucken«) vor allem während der Weltmeisterschaft 2006 im eigenen Land beliebt. Auf Hunderten Marktplätzen trafen sich die Fans zum gemeinsamen Mitfiebern.

Funny Fact

Floskeln aus dem Rechner

Seit 2015 lässt eine Hamburger Zeitung die Berichte über Spiele in den Amateurligen von einem Computer zusammenstellen. Ein Programm wurde mit den typischen Formulierungen bestückt und erstellt nun von allein die Zeitungstexte.

Public Viewing während der WM 2014. Die optimale Mischung: bei traumhaftem Wetter am brasilianischen Strand Fußball gucken.

Oft müssen Spielerinnen und Spieler den Reportern direkt nach dem Spiel Rede und Antwort stehen.

Für den eigenen Verein spielen

Einmal Manuel Neuer einen Ball in den Kasten zimmern. Mit Neymar im Doppelpass das Mittelfeld überwinden. Oder von Jürgen Klopp in der 70. Minute eingewechselt werden. All diese Fanträume können wahr werden – zumindest ein bisschen. Was man dafür braucht, ist eine Spielkonsole und ein aktueller Fußballsimulator. Als Gegner stehen die vom Computer gesteuerten Mannschaften bereit. Oder man spielt gegen reale Freunde auf dem eigenen Sofa oder gegen virtuelle Freunde im Internet. Die ausgefeilten 3-D-animierten Spiele erwecken die Spieler mittlerweile fast tatsächlich zum Leben. Nur den Geruch von Rasen können sie nicht übertragen. Dafür muss man noch immer von der Couch aufstehen und auf ein echtes Fußballfeld gehen.

Facebook und Co.

Nicht nur die Fans, auch Spieler und Vereine nutzen die sogenannten sozialen Netzwerke im Internet immer häufiger, um zu kommunizieren. Fast jeder Bundesligaprofi hat ein eigenes Facebook-Profil, einen Twitter-Account oder stellt auf Instagram Fotos online. Für die Fans ist das eine tolle Möglichkeit, noch schneller noch mehr Infos von ihren Stars und ihren Lieblingsvereinen zu bekommen. Mittlerweile bekommt man schließlich immer häufiger Fotos aus der Kabine oder dem Flugzeug zu sehen, die auf den Online-Profilen der Stars eingestellt werden. Auch werden häufig Fragen beantwortet, die man dem eigenen Star dort gestellt hat. Allerdings dürfen Fans nicht davon ausgehen, dass sie hier tatsächlich mit ihren Lieblingen schreiben. Die meisten Fußballer lassen ihre Online-Profile von ihren Beratern und deren Agenturen betreuen.

Nur ein paar Minuten nachdem sie den WM-Titel 2014 gewonnen haben, wird dieses Bild der deutschen Nationalmannschaft im Internet veröffentlicht.

Schon gewusst?

Für immer online. Es ist sehr verlockend, Selfies oder andere Fotos von sich und seinem Fußballstar ins Internet zu stellen. Allerdings muss jedem Fußballfan klar sein, dass man Fotos und Texte, die einmal ins Internet geladen wurden, nur sehr schlecht wieder löschen kann.

Choreografien

Für solch aufwendige Choreografien müssen die Fans eine Menge Zeit in die Vorbereitung und auch Geld für die Materialien investieren. Nur so können solch schöne Bilder entstehen.

Fans auf großer Bühne

→ Rekord

293 000

Mitglieder und immer mehr: Der FC Bayern München ist der größte Sportverein der Welt. Die meisten seiner Mitglieder sind keine aktiven Sportler, sondern Fans.

Sie sorgen dafür, dass Stars mit dem Fußballspielen ihr Geld verdienen können, sie machen einen Verein erst so richtig bekannt und sie sind der Grund dafür, dass es Spaß macht, ins Stadion zu gehen: die Fans. Mit gemeinsamen Liedern und Sprechchören feuern sie ihre Mannschaft an und entscheiden so auch schon einmal ein Spiel. In spannenden Phasen der Partie können Fans auf den Rängen mit ihrer positiven Stimmung die eigene Mannschaft zu besonderen Leistungen motivieren. Oder aber durch ihre Lautstärke die gegnerischen Spieler einschüchtern.

Die Klubs im Klub

Viele Fans gehen unregelmäßig ins Stadion, immer dann, wenn es ihnen passt. Aber es gibt auch die Dauerkarteninhaber. Sie kaufen sich vor einer Spielzeit eine Karte, die für die komplette Saison gilt, und sind bei jedem Heimspiel im Stadion. Viele dieser Zuschauer sind mit anderen Fans Mitglieder des Vereins oder haben einen eigenen Klub gegründet: einen Fanklub. Mit den Mitgliedern des Fanklubs treffen sie sich regelmäßig, überlegen sich neue Gesänge für das Stadion, planen Auswärtsfahrten und stehen und sitzen immer gemeinsam auf denselben Plätzen im Stadion.

Ultrastarke Liebe

Eine besondere Gruppe der Fußballfans sind die sogenannten Ultras. Man könnte sie als Vollzeit-Fans bezeichnen. Während der 90 Minuten des Spiels machen sie in der Regel keine Pause beim Anfeuern des eigenen Teams. Und auch zwischen den Spielen sind sie dauerhaft im Einsatz für ihren Verein. Sie treffen sich regelmäßig und

entwerfen vor allem Choreografien, die im Stadion ein riesiges Bild erzeugen. Das entsteht zum Beispiel, weil alle Zuschauer das Gleiche tragen, große Fahnen über die Köpfe der Zuschauer geschwenkt werden oder sogar überdimensionale Bilder an der Tribüne hochgezogen werden.

Gewalt auf den Rängen

Nicht alle Fans sind friedlich und gehen nur ins Stadion, um Fußball zu sehen. Immer wieder kommt es zu Schlägereien und Verwüstungen. Menschen, die nur zu den Spielen gehen, um sich zu schlagen, werden Hooligans genannt. Eigentlich kann man sie nicht als Fußballfans bezeichnen, denn das Spiel interessiert sie meistens wenig. Ihnen geht es nur darum, Krawall zu veranstalten. Durch den Einsatz von vielen Ordnern und Polizisten gelingt es aber in fast allen Fällen, die anderen Zuschauer vor ihnen zu schützen. Deshalb sind sich alle Experten einig, dass es nicht gefährlich ist, ein Bundesligaspiel zu besuchen.

Capo

Der sogenannte Capo ist praktisch der Vorsänger der Fans. Über Megaphon gibt er ihnen vor, was gesungen oder gerufen werden soll.

Bengalisches Feuer

Bengalische Feuer im Stadion sind gefährlich und verboten. Die Fackeln werden bis zu 2 500 Grad heiß und die starke Rauchentwicklung ist gesundheitsschädigend.

Eine Woche Fußball

Rike vor ihrem »Wohnzimmer«, der BayArena in Leverkusen.

Rike

Viele Fans richten ihren Terminkalender nach dem ihres Vereins aus: Wann spielt mein Klub im eigenen Stadion? Wann geht es zu Auswärtsspielen? Wann und wo verbringt mein Verein ein Trainingslager? Und dann beginnt schon mal das große Reisen.

Rikes Woche

Friederike ist Ärztin, geht gerne zu Konzerten oder reitet mit ihrem Pferd aus. Das beansprucht schon eine ganze Menge Zeit. Die meisten Stunden ihrer Freizeit widmet sie allerdings dem Fußball. Ihre Freunde in der Kurve im Stadion von Bayer 04 Leverkusen nennen sie nur Rike. Mit ihnen ist sie ständig unterwegs. In der Hochphase der Saison kann eine Fußballwoche von Rike manchmal ziemlich stressig werden.

Samstag, 15:30 Uhr
Bundesliga: Heimspiel

»Ich treffe mich mit den anderen immer schon gegen 13:00 Uhr; dann gehen wir gemeinsam zum Stadion. Spätestens zum Anpfiff stehen wir immer auf denselben Plätzen: in der Nordkurve hinter dem Tor.«

Sonntag, 12:00 Uhr
Reisevorbereitungen

»Wenn Bayer in der Champions League spielt, fahre ich so oft es geht mit zu den Auswärtsspielen. Dazu verabrede ich mich mit anderen Fans. Die Touren nutze ich dann gern dazu, auch etwas von den Städten zu sehen. Sonntags wird also die Tasche gepackt.«

Montag, 17:00 Uhr
Anreise

»Am besten ist es, wenn wir fliegen können. Lange Busreisen nach Südfrankreich oder nach Tschechien können ganz schön anstrengend sein. Wenn es geht, treffen wir uns am Abend vor dem Spiel schon mal mit Bayer-Fans aus anderen Städten.«

Dienstag, 20:45 Uhr
Champions League: Auswärtsspiel

»Den ganzen Tag lang haben wir uns die Sehenswürdigkeiten der Stadt angesehen. Das war toll, aber jetzt gibt es endlich Fußball. Jedes Stadion hat eine andere Atmosphäre. Das genieße ich sehr. Aber am liebsten sehe ich meine Mannschaft siegen!«

Mittwoch
Fanmagazin schreiben

»Nach meiner Rückkehr muss ich wieder arbeiten, ich kann mir ja nicht die ganze Saison lang Urlaub nehmen. Ganz auf Fußball verzichte ich aber trotzdem nicht. Abends schreibe ich einen Reisebericht vom Champions-League-Spiel für das Magazin, das wir unter den Fans im Stadion verteilen.«

Donnerstag
Podcast aufzeichnen

»Im Internet veröffentliche ich mit drei anderen Fans regelmäßig einen Podcast mit den neuesten Themen aus der Fanszene in Leverkusen. Wir zeichnen unsere Berichte in Englisch auf – so wissen auch die Fans am anderen Ende der Welt immer, was bei uns gerade los ist.«

Freitag, 19:00 Uhr
Amateurspiel

»Mein Lieblingsverein ist Bayer 04 – keine Frage. Aber ich hab' jetzt zwei Tage lang keinen Fußball mehr gesehen! Da fängt es schon wieder an zu kribbeln. Deshalb schaue ich mal beim Amateurteam bei mir um die Ecke vorbei. Meine Freunde sind auch dabei. Ein guter Start ins Wochenende!«

Samstag, 15:30 Uhr
Bundesliga: Auswärtsspiel

»Schon wieder reisen. Zum Glück sind die Fahrten zu Auswärtsspielen in der Bundesliga ja nicht so weit. Da können wir in der Regel ganz entspannt am Morgen mit dem Zug hinfahren. Das klingt für manche sicher merkwürdig: Aber ich hab' auch am Ende einer solchen Woche noch nicht genug vom Fußball!«

Die WM 2022

Das Maskottchen der WM 2022 wird La'eeb genannt, was so viel wie »sehr talentierter Spieler« bedeutet. Es ist einem traditionellen arabischen Gewand nachempfunden.

Als die FIFA im Jahr 2010 beschloss, wo die Weltmeisterschaft 2022 stattfinden sollte, konnte noch niemand ahnen, zu wie vielen Neuerungen und Veränderungen im Fußball das führen sollte. Als Austragungsort wurde zum ersten Mal ein arabisches Land bestimmt: Katar. Der kleine Staat am Persischen Golf hat nur ungefähr 2,6 Millionen Einwohner – viel weniger Menschen als allein in Berlin wohnen. Katar ist aber ein reiches Land und hat in den vergangenen Jahren viele Großveranstaltungen ausgetragen: zum Beispiel die Leichtathletik-WM oder die Fußball-Klub-WM. Die Regierung will mit den Turnieren zum einen Touristen in ihre Region locken und zum anderen ein positives Bild ihres Landes verbreiten. Doch das ist gar nicht so leicht, denn an der Weltmeisterschaft in Katar gibt es sehr viel Kritik.

Eine WM an Weihnachten

Bisher fanden alle Weltmeisterschaften im Sommer statt. Zu dieser Zeit herrschen in Katar allerdings Temperaturen von bis zu 50 Grad Celsius. Unter diesen Bedingungen wäre kein Fußballspiel denkbar gewesen. Deshalb entschloss sich die FIFA dazu, das Turnier in den Dezember zu verlegen. Dann ist es zwar immer noch recht warm, es herrschen allerdings in der Regel nicht mehr als 25 Grad Celsius. Die WM 2022 ist also die erste, die sich die Fans in Deutschland unter dem Tannenbaum anschauen müssen. Denn das Finale ist für den 18. Dezember geplant – und findet damit am 4. Advent statt.

Schlimme Arbeitsbedingungen

Weil es in Katar nicht genügend Stadien gab, wurden für die WM fünf der acht Spielorte komplett neu gebaut. Und auch die restlichen drei Arenen wurden aufwendig renoviert. Dazu kommen unzählige Hotels, große Straßen und eine neue U-Bahn. Seit vielen Jahren gibt es in Katar also überall Großbaustellen. Über die Bedingungen, unter denen die Menschen dort arbeiten müssen, gibt es immer wieder erschreckende Berichte. Weil es auf den Baustellen so heiß ist, die Arbeiter nicht gut versorgt wurden und wenig Pausen hatten, soll es zu vielen Kranken und sogar Toten auf den Baustellen gekommen sein. Auch die schlechten Unterkünfte, den geringen Lohn und die Einschränkung ihrer Freiheit beklagen viele Arbeiter.

Schon gewusst?

Für die katarische Nationalmannschaft wird es die erste WM-Teilnahme. Als Gastgeber sind sie automatisch qualifiziert. Das war ihnen zuvor noch nie gelungen.

Zwischen 40 und 50 Grad Celsius und Arbeitstage, die zwölf Stunden dauern: Die Bedingungen für die Bauarbeiter der katarischen Stadien sind oft unmenschlich. Hier ist der Bau des Lusail-Stadions zu sehen.

Hoffnung auf Besserung

Viele Politiker – aber auch Organisationen, die sich für die Einhaltung der Menschenrechte einsetzen – hoffen, dass die WM in Katar Besserungen für die Menschen vor Ort bringen wird. Viele Millionen Fans werden die WM am Fernseher verfolgen und Hunderte Journalisten werden aus dem Land berichten. Und damit auch immer wieder die Aufmerksamkeit auf die schlechten Arbeits- und Lebensbedingungen vieler Menschen in Katar legen. Im Vorfeld der WM kam es so bereits zu einigen Veränderungen: Gesetze wurden geändert und die Rechte der Menschen gestärkt. Vielleicht kann das große Fußballfest WM also tatsächlich ein bisschen zu einer besseren Welt beitragen.

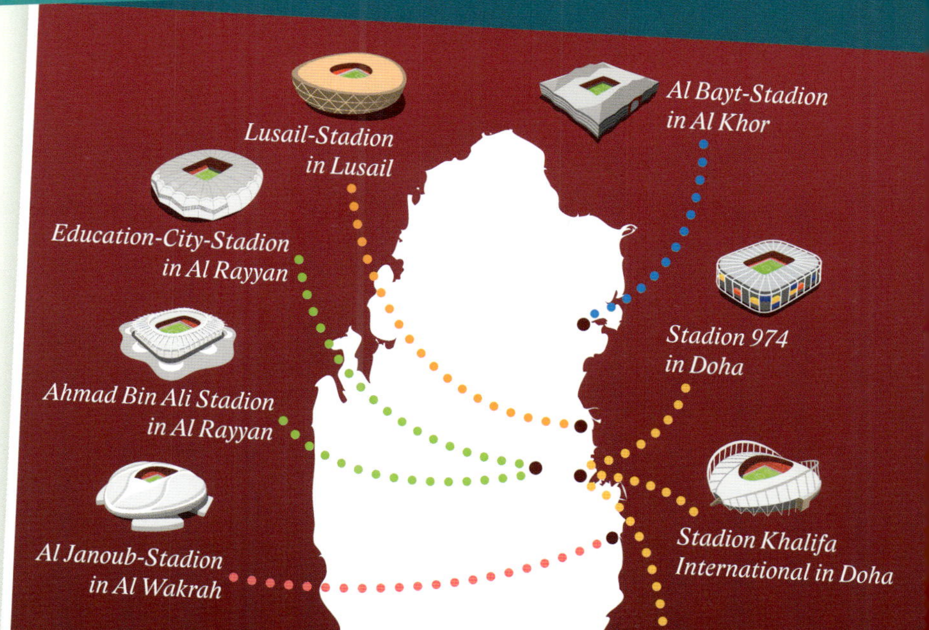

Die acht Stadien der Fußball-WM 2022. Weil Katar so klein ist, liegen sie alle außergewöhnlich nah beieinander. Die größte Distanz zwischen zwei Spielorten beträgt nur 55 Kilometer.

Weltmeisterschaft 2022

Der amtierende Weltmeister: 2018 konnte das Team aus Frankreich im Finale gegen Kroatien 4:2 gewinnen.

Die deutsche Nationalmannschaft sorgt vor einem WM-Qualifikationsspiel für Aufmerksamkeit. Auf den T-Shirts steht »Human rights«, englisch für »Menschenrechte«.

Glossar

Ablösesumme: Wenn ein Spieler zu einem neuen Verein wechselt, obwohl er noch einen Vertrag hat, muss der neue Verein dem alten eine Ablösesumme zahlen.

Abstieg: Teams, die am Ende einer Saison auf den letzten Plätzen der Tabelle stehen, spielen in der nächsten Saison eine Klasse tiefer.

Abstoß: Schießt ein Angreifer den Ball neben oder über das Tor, gibt es Abstoß für die verteidigende Mannschaft.

Achtelfinale: Bei Turnieren oder Pokalwettbewerben spielen die 16 besten Mannschaften gegeneinander.

AFC: Die Abkürzung steht für die Asian Football Confederation, den Dachverband der asiatischen Fußballvereine.

Amateur: Spieler, der nicht für das Fußballspielen bezahlt wird.

Anstoß: Zu Beginn des Spiels wird ausgelost, wer den Anstoß ausführen darf. Nach der Halbzeitpause darf dann die andere Mannschaft anstoßen. Auch nach Toren gibt es Anstoß in der Mitte des Spielfelds.

Aufstieg: Teams, die am Ende einer Saison auf den ersten Plätzen der Tabelle stehen, spielen in der nächsten Saison eine Klasse höher.

Unsere Urgroßväter haben noch in solchen Fußballstiefeln gekickt.

Auswärtsspiel: Wenn eine Mannschaft im Stadion oder auf dem Platz des Gegners antreten muss, hat sie ein sogenanntes Auswärtsspiel.

Auswechslung: Jede Mannschaft darf fünfmal pro Spiel wechseln. Ein Spieler, der auf dem Platz steht, wird dann durch einen von der Bank ersetzt. Ausgewechselte Spieler dürfen nicht wieder eingewechselt werden. Bei Jugendspielen gibt es Sonderregelungen.

Beachsoccer: Fußball, der entweder am Strand oder auf extra aufgeschütteten Sandfeldern gespielt wird.

CAF: Die Abkürzung steht für die Confederation of African Football, den Dachverband der afrikanischen Fußballvereine.

Champions League: Sozusagen die erste europäische Liga. Hier treten die bestplatzierten Mannschaften aus den europäischen Ligen gegeneinander an.

CONCACAF: Die Abkürzung steht für die Confederation of North, Central America and Caribbean Association of Football, den nordamerikanischen Fußballverband.

CONMEBOL: Die Abkürzung steht für die Confederação Sul-Americana de Futebol, den südamerikanischen Fußballverband.

DDR: Die ehemalige Deutsche Demokratische Republik, der heutige Ostteil Deutschlands.

Debütieren: Wenn ein Spieler das erste Spiel bestreitet.

Derby: Spiel zwischen zwei Mannschaften aus derselben Stadt oder Region.

DFB: Die Abkürzung steht für Deutscher Fußball-Bund. Der DFB ist die Dachorganisation aller deutschen Fußballvereine.

Direkter Freistoß: Nach einem Foul oder Handspiel bekommt die gegnerische Mannschaft einen Freistoß, der direkt ins Tor geschossen werden kann.

Doping: Unerlaubte Medikamente, um die sportliche Leistung zu steigern.

Dribbling: Mit dem Ball am Fuß über das Feld und an den Gegenspielern vorbeilaufen.

Ecke: Spielt ein Verteidiger den Ball neben oder über das Tor, gibt es einen Eckstoß für die Angreifer. Er wird an der Eckfahne auf der Seite, auf der der Ball ins Aus gegangen ist, ausgeführt.

Einwurf: Geht der Ball über die Seitenlinie ins Aus, gibt es einen Einwurf für die gegnerische Mannschaft. Der Einwurf wird an der Stelle ausgeführt, wo der Ball über die Linie geflogen ist.

Europa League: Sozusagen die zweite europäische Liga. Hier treten die Mannschaften aus den europäischen Ligen gegeneinander an, die hinter den Champions-League-Plätzen gelandet sind.

FIFA: Die Abkürzung steht für die Fédération Internationale de Football Association. Der Weltfußballverband organisiert zum Beispiel die WM.

Finale: Das letzte Spiel eines Turniers oder Pokalwettbewerbs, in dem die Gewinnermannschaft ermittelt wird.

Flanke: Langer Ball, der flach oder hoch auf einen Mitspieler gespielt wird.

Fußballer des Jahres: Jeder Nationalverband, aber auch die UEFA und die FIFA zeichnen einmal jährlich ihren Fußballer und ihre Fußballerin des Jahres aus.

Futsal: Hallenfußball, der mit einem speziellen Ball und mit besonderen Regeln gespielt wird.

Galaktische: Spitzname der Fans für ihre Mannschaft Real Madrid, die »galaktisch« gut spielt.

Gelbe Karte: Der Schiedsrichter zeigt einem Spieler die Gelbe Karte, wenn er ihn verwarnen will.

Halbfinale: Die vier besten Mannschaften eines Turniers oder Pokalwettbewerbs ermitteln, wer von ihnen im Finale spielen darf.

Handgeld: Spieler, die keinen Vertrag mehr haben und sich deshalb den Verein aussuchen können, zu dem sie wechseln wollen, bekommen von diesem Verein manchmal eine Art Geldgeschenk, damit sie sich für ihn entscheiden.

Hattrick: Drei Tore, die in einem Spiel von demselben Spieler hintereinander erzielt werden.

Heimspiel: Wenn eine Mannschaft im eigenen Stadion oder auf dem eigenen Platz antreten muss, hat sie ein sogenanntes Heimspiel.

Hymne: Bei Länderspielen singen die Spieler vor dem Spiel die Hymne ihres Landes. Manche Wettbewerbe haben ihre eigene Hymne.

Hat jeder Schiedsrichter immer parat: seine Pfeife, eine Gelbe und eine Rote Karte.

Indirekter Freistoß: Nach Abseits oder einer Unsportlichkeit bekommt die gegnerische Mannschaft einen Freistoß, wobei der Ball von einem zweiten Spieler berührt werden muss, bevor er ins Tor geschossen werden kann.

Länderspiel: Spiel zwischen den Auswahlmannschaften zweier Länder.

Manager: Er organisiert die Geschäfte der Vereine und Spieler.

Mauer: Bei einem Freistoß stellen sich die Verteidiger zusammen wie eine Mauer vor das eigene Tor, um den Ball abzuwehren.

Mittelfeldspieler: Spieler, der vor allem zwischen Abwehr und Sturm spielt.

Nationalmannschaft: Die Auswahl der besten Fußballer eines Landes. Es gibt Männer- und Frauenteams, die auch noch in unterschiedliche Altersstufen unterteilt sind.

OFC: Die Abkürzung steht für die Oceania Football Confederation, den Fußballverband von Ozeanien.

Olympia (auch Olympiade): Alle vier Jahre stattfindendes Sportturnier, bei dem Sportler aus der ganzen Welt antreten.

Platzverweis: Begeht ein Spieler ein grobes Foulspiel oder beleidigt zum Beispiel den Schiedsrichter, darf er nicht mehr am Spiel teilnehmen und bekommt einen Platzverweis.

Pokal: Neben der Liga gibt es viele Pokalwettbewerbe. Der Sieger bekommt am Ende eine Trophäe, den Pokal, überreicht.

Präsident: Gewähltes Oberhaupt eines Vereins oder Verbandes.

Profi: Spieler, der für das Fußballspielen bezahlt wird und davon lebt.

Relegation: Spezielles Qualifikationsspiel, um den Abstieg oder den Aufstieg einer Mannschaft in die nächsthöhere oder -niedrigere Klasse zu ermitteln.

Rote Karte: Der Schiedsrichter zeigt einem Spieler die Rote Karte, wenn er ihn vom Platz stellen will.

Rugby: Sportart, bei der der eiförmige Ball mit Füßen und Händen gespielt werden darf.

Saison: Zeitraum, in dem alle Spiele einer Liga stattfinden.

Scout: Englisch für »Kundschafter«. Sie sichten neue Talente.

Seleção: Portugiesisch für »Auswahl«. Spitzname der brasilianischen Fans für ihre Nationalmannschaft.

Spieltag: Eine Saison besteht aus mehreren Spieltagen, an denen die Teams gegeneinander spielen. Ein Spieltag kann mehrere Tage lang dauern.

Strafstoß (auch Elfmeter): Immer wenn es einen direkten Freistoß für die Angreifer innerhalb des gegnerischen Strafraums geben würde, entscheidet der Schiedsrichter auf Strafstoß. Der Angreifer kann dann aus elf Metern aufs Tor schießen, ohne dass sich ein Verteidiger davorstellen darf.

Stürmer (auch Angreifer): Spieler, der vor allem im Angriff spielt und Tore schießen soll.

Tabelle: Hier werden die Mannschaften einer Liga nach den Punkten, die sie erzielt haben, geordnet.

Taktik: Der Plan, nach dem eine Mannschaft spielen soll. Die Taktik bestimmt in der Regel der Trainer.

Torwart: Spieler, der im Tor steht. Der einzige Spieler, der den Ball mit den Händen spielen darf.

Trainer: Er bildet die Spieler aus, trainiert sie zwischen den Spielen, gibt die Taktik vor und stellt die Mannschaft bei Spielen auf.

Tribüne: Teil des Stadions, auf dem die Fans sitzen oder stehen.

Trikot: Oberbekleidung, die jeder Spieler und jeder Schiedsrichter trägt.

Tschammer-Pokal: Er gilt als Vorläufer des DFB-Pokals.

Turnier: Turniere sind anders organisiert als Ligen. Hier spielen in der Regel nicht alle Teams gegeneinander. Dafür gibt es Gruppen und den K.-o.-Modus. In der Regel wird der Gewinner eines Turniers durch ein Finalspiel bestimmt.

UEFA: Die Abkürzung steht für die Union of European Football Association. Der europäische Fußballverband organisiert zum Beispiel die EM.

Unparteiischer: Anderer Name für Schiedsrichter. Er ist für die Einhaltung der Regeln während des Spiels zuständig.

Verband: Die Organisation, in der alle Vereine zusammengeschlossen sind. Dinge, wie Regeln oder Spielpläne werden vom Verband organisiert.

Verein: Zusammenschluss von mehreren Menschen, die eine gemeinsame Sache verfolgen.

Verlängerung: Stehen K.-o.-Spiele nach 90 Minuten noch unentschieden, gibt es zwei mal 15 Minuten Verlängerung. Steht es dann immer noch unentschieden, folgt ein Elfmeterschießen.

Verteidiger (auch Abwehrspieler): Spieler, der vor allem in der Abwehr spielt und Tore verhindern soll.

Verwarnung: Für bestimmte Fouls oder beispielsweise bei einem Handspiel muss der Spieler verwarnt werden. Er weiß dann, dass er sich zurückhalten muss.

Viertelfinale: Bei Turnieren oder Pokalwettbewerben spielen die acht besten Mannschaften gegeneinander.

Vierter Offizieller: Der vierte Schiedsrichter kümmert sich um die Auswechslungen und soll auf den Trainerbänken für Ruhe sorgen.

VIP: »Very important person«. Englisch für »sehr wichtige Person«.

Zweikampf: Wenn zwei Spieler direkt um den Ball kämpfen.

WAS IST WAS

Bildquellennachweis: **adidas AG:** 68-69; **akg-images:** 10ul (Collection Dupondt); **Allianz SE:** 60-61; Archiv Tessloff: 5m, 28o, 35ur, 44-45Hg., 50-51Hg., 67ur, 73u, 78l, 80u, 81ur, 81mr, 82m, 82u, 83mr, 84ul, 85r; **Baudisch, Rieke:** 90ul, 91ml, 91or, 91ur; **Deutscher Gehörlosen-Sportverband:** 25or (Anton Scheid); **DFL Deutsche Fußball Liga GmbH:** 18om, 18ur; **firo sportphoto:** 3or (Sebastian El-Saq), 4ol (mexsport), 30l (Sebastian El-Saq), 30ur (Mexsport), 46um (mexsport), 58ul, 61or, 61m, 76l (Fabian Simons), 88-89Hg. (Jürgen Fromme), 89ur (Intime); **Getty:** 5ur (Shaun Botterill / Staff), 42or (Gary M. Prior/ ALLSPORT), 44ml (Hulton-Deutsch Collection), 76um (Matthias Hangst/Staff), 87mr (Lars Baron - FIFA), 92or (Shaun Botterill / Staff); **Hannover96/ Christoph Heckmann:** 56ol; **imago:** 1 (BPI), 2ul (Hartenfelser), 2um (Kicker), 6ml (Eibner), 12ur (Kicker), 12ul (Kicker), 13um (Werek), 13mr (PKP/ John Todd), 13ur (Ulmer), 14ol (Avanti), 14ur (Oliver Schneider), 15o (Schüler), 17ol (Marcel Lorenz), 19ur (Werner Otto), 20ul (Hoch Zwei), 21ol (Matthias Koch), 23mm (MIS), 23ur (Hasenkopf), 23ol (Aleksandar Djorovic), 24ul (Hartenfelser), 24ur (PanoramiC), 25ur (Pressefoto Baumann), 26or (Kicker), 26ul (Kicker), 26ml (cp24), 26ur (Team2), 29o (Xinhua), 41ul (PanoramiC), 42ur (Colorsport), 44mm (PanoramiC), 45ol (Sven Simon), 48ur (Camera 4), 53mr (Herbert Bucco), 56mm (Ulmer), 59ur (GEPA pictures), 81ol (Uwe Kraft), 83or (Schüler), 89mr (Ulmer); **independent Medien-Design:** 16u, 74m; **Kozinowski, Jonas:** 7ol, 90ol; **National Football Museum:** 2or, 8ur, 9u, 10or, 11or, 11or, 94ul; **picture alliance:** 2ml (Werek), 2mr (GES/Marvin Guengoer), 3ul (SvenSimon-Guengoer-GES-Pool | Marvin Guengoer / GES), 3ol (Mohamad Badreddine/ Xinhua News Agency), 4om (Hack/dpa-Bildarchiv), 4ul (Photoshot), 4ur (Stringer/dpa), 4or (Siu Pong Wu Lau/Gruppo), 5or (Jan Woitas/dpa), 5ol (Cover Images | Adidas/Cover Images), 6-7Hg. (Laci Perenyi), 7or (Fra_CITYPRESS24), 7mm (Pressefoto ULMER/Michael Kienzler), 7ur (Laci Perenyi), 8ul (Kyodo), 12om (Foto Huebner), 12or (Schirner Sportfoto), 13ul, 13or (Markus Ulmer), 13ol (Werek), 14ul (Schirner Sportfoto), 17or (Christophe Gateau/ dpa), 17ur (Frank Hoermann/SVEN SIMON), 18ol (Wolfgang Hub), 19mr (Katja Lenz), 19or (Annegret Hilse/SVEN SIMON), 19om (Sebastian El-Saqqa/ augenklick/firo Sportphoto), 20mr (Boris Roessler), 20ol (GES/Marvin Guengoer), 21ur (Uwe Anspach), 21ul (Jan Woitas), 21mr (Konrad Giehr), 22 (Revierfoto), 23or (Pacific Press/Bruno de Carvalho), 25mm (GES/Helge Prang), 25ol, 27mr (firo Sportphoto / Jürgen Fromme), 27um (augenklick/firo Sportphoto/ El-Saqqa), 29mr (Pressefoto ULMER/Bjoern Hake), 29ur (Mohamad Badreddine/ Xinhua News Agency), 31ur (Claus Cremer/Pressefoto Ulmer), 31um (Photoshot), 32ml (Pressefoto Baumann), 32ur (augenklick/firo Sportphoto/BPI), 32or (Mirko Kappes/ foto2press), 33ul (Pressefoto Ulmer/Markus Ulmer), 34u (Franz Waelischmiller/Sven Simon), 34ml (Anke Waelischmiller/Sven Simon), 35or (Schnoerrer/ dpa), 35ol (Florian Eisele/Pressefoto Ulmer), 35mr (Anke Fleig/Sven Simon), 36or (augenklick/firo Sportphoto), 37ol (Simon Stacpoole/Offside Sports Photography), 37or (Empics Nick Potts/dpa), 38mr (Laci Perenyi), 39ml (augenklick/firo Sportphoto/ Fabian Simons), 39ur (Raddad Jebarah/NurPhoto via ZUMA Press), 39or (Laci Perenyi), 40u (Laci Perenyi), 40ml (SvenSimon-Guengoer-GES-Pool | Marvin Guengoer / GES), 41ol (Marcelo Fonseca/ Demotix), 41ul (Elmar Kremser/Sven Simon), 42ml (Jan Lauterbach/dpa-Sportreport/Zentralbild), 43or (Sven Simon), 43ur (LaPresse/Fabio Ferrari/dpa-Report), 44ol (Roland Witschel/dpa-Sportreport), 44m (PA Wire URN:19958467), 44ul (91050/ United_Archives/TopFoto), 44or (ANP/dpa-Sportreport), 44mr (AP Photo /File), 44ur (Zentralbild/dpa-Sportreport), 45ml (Empics/Peter Robinson/dpa-Sportreport), 45ul (Hack/dpa-Bildarchiv), 45or (Peter Kneffel/dpa-Sportreport), 45mm (Sven Simon/Tomikoshi), 45mr (Carmen Jaspersen), 45m (epa/AFP/Philippe Huguen), 45ur (epa/efe/Lavandeira Jr), 46m (Actionplus), 46ul (ZHANG LIYUN/landov), 47ol (Thomas Eisenhuth/ ZB), 47mr (firo Sportphoto/newspix/augenklick), 47ul (David Klein/CSM/Landov), 47um (Andy Rain/ dpa), 47om (aldo liverani/augenklick/firo Sportphoto), 47ur (Adam Davy/PA Wire/empics), 48ul (augenklick/firo Sportphoto), 48or (Siu Pong Wu Lau/Gruppo), 49or (Revierfoto), 49ul (Pressebildagentur ULMER), 49ol (Ulrich Hufnagel), 49ur (empics | Mark Pain), 50ml (Nick Potts/ empics), 50om (Laci Perenyi), 50ur (Focus Images / EXPA / picturedesk.com | Focus Images), 50mm (empics/ Jonathan Moscrop/Sportimage), 50mr (Sportphoto24/Marco Canoniero | Marco Canoniero), 50ul (dpa/MAXPPP | Sébastien Muylaert), 51mr (ASSOCIATED PRESS | Hakon Mosvold Larsen), 51ul (Hansjürgen Britsch/ Pressefoto Baumann), 51ur (Norbert Schmidt), 51ol (Wagner/Fotostand), 51or (NurPhoto/Jose Breton), 52Hg. (SvenSimon | Frank Hoermann / SVEN SIMON), 52ul (REUTERS/GLEB GARANICH), 53ol (Carmen Jaspersen/dpa), 53ul (Liewig Christian/ABACA), 54l (Leon Tanguy/ MAXPPP/dpa), 55mr (Francois Mori/AP Images), 55or (Focus Images / EXPA / picturedes | Focus Images), 56ul (Ulrich Perrey/dpa/dpaweb), 57o (Grafik: A. Schäfer/dpa-infografik), 57ur (Marius Becker), 58o (Uwe Anspach/dpa), 59or (Foto Huebner), 62ul (Markus Gilliar/GES-Sportfoto/ augenklick), 63ul (Sven Simon), 63ur (Photoshot), 64ml (Ali Haider/dpa), 64ur (Oliver Berg/dpa), 65ml (KNA-Bild Markus Nowak), 65or (Stringer/dpa), 65m (Patrick Seeger/dpa), 65ur (Helge Prang/GES-Sportfoto), 66m (Jürgen Fromme/augenklick/firo Sportphoto), 66ul (dpa-infografik), 66ur (Jan Woitas/dpa-Zentralbild), 66-67Hg. (Bernhard Kunz/ Fotoagentur Kunz/augenklick), 68mr (Kappe: Fotostand), 68ur (Turban Frauen: Jamal Nasrallah/ epa/dpaweb), 68ml (Torjubel: Sven Simon), 68m (Trikottausch: Rauchensteiner/augenklick), 69ml (Handschuhe: Herbert Rudel), 69mr (Schuhe: Peter Steffen/dpa), 70ul (dpa), 70mr (augenklick/firo Sportphoto), 70or (Cover Images | Adidas/Cover Images), 71ol (Wolfgang Kumm/dpa/dpaweb), 71om (Daniel Karmann/dpa), 71om (Daniel Karmann/ dpa), 72Hg. (Philipp Szyza/HOCH ZWEI), 74or (Norbert Schmidt), 75ol (Alfredo Falcone/LaPresse/ dpa), 75ml (Claus Bergmann), 75or (Jan Woitas/ dpa), 77or (Selim Sudheimer/INSIDE-PICTURE), 77ul (firo Sportphoto/augenklick), 78mr (Frank Hoermann/Sven Simon), 80ol (Szwarc Henri/ abaca), 81or (Frank Augstein/AP Photo), 81ul (Foto Huebner), 82ol (Matthias Balk), 83ul (Marvin Guengoer/GES-Sportfoto/augenklick), 84ol (Laci Perenyi), 85ol (M.i.S.-Sportpressefoto), 86Hg. (PRS/ CITYPRESS24), 93um (Ulrich Hufnagel); **Shutterstock:** 3ur (Jose Breton- Pics Action), 8-9Hg. (Roberaten), 12-13Hg. (Roberaten), 16-17Hg. (Roberaten), 20-21Hg. (Roberaten), 26-27Hg. (Roberaten), 33mr (Marco Iacobucci EPP), 36ml (Mizzy Mish), 37ur (Jose Breton- Pics Action), 41or (Arunas Gabalis), 42-43Hg. (corund), 46-47Hg. (Roberaten), 48-49Hg. (Roberaten), 60l (Roberaten), 62-63Hg. (Roberaten), 63mr (Steve Allen), 64um (Oleg Malyshev), 67or (Leroy Harvey), 67or (Moroz Svitlana), 68-69Hg. (Roberaten), 71or (urbanbuzz), 71mr (mooinblack), 73mr (Lorelyn Medina), 76m (UltraViolet), 76ul (UltraViolet), 77Hg. (Roberaten), 80-81Hg. (Roberaten), 87or (Pavel L Photo and Video), 90-91Hg. (Roberaten), 92um (Noushad Thekkayil), 93or (xalien), 93ml (A.RICARDO), 95or (UltraViolet); **Süss, Diana:** 66ol; **Thinkstock:** 32-33Hg. (solarseven), 36ol (jj_ voodoo), 36mr (jj_voodoo), 41or (Icon Ball: bitontawan), 66mm (James Boardman), 71m (freestylephoto), 78l (bitontawan), 84-85Hg. (keport); **TM International Olympic Committee - All rights reserved:** 3mr, 34-35Hg., 34or; UEFA: 38ul, 38ml, 39ol; **Wikipedia:** 8o (PD), 9or (GFDL/ Diego Delso), 10u (PD/Thomas M. M. Hemy (complete name: Thomas Marie Madawaska Hemy) (1852-1931)), 11ol (PD), 11ur (PD), 12ml (PD), 28or (CC BY-SA 3.0/MCaviglia), 62or (CC BY-SA 3.0/Nicor, M(e)ister Eiskalt (edited)), 63ol (CC BY-SA 3.0/ Peellden), 71ur (PD/Osvaldoarruti)

Umschlagfotos: picture alliance: U1 (SVEN SIMON | Anke Waelischmiller); **Shutterstock:** U4 (Alfonso de Tomas)

Gestaltung: independent Medien-Design

ISBN 978-3-7886-2195-7

Die Reihe wird fortgesetzt.